青春期
对话法

✖

〔韩〕姜琴珠 著

潘晓君 译

北京日报出版社

为什么与青春期孩子对话如此困难？

如果这个世界上有父母资格证的考试，我相信，大部分父母都会熬夜考取。

青春期是人生中最为重要的时期，孩子一旦进入这个时期，父母的焦虑感就会倍增，"孩子总是跟我吵来吵去，怎么办呢？""如果孩子遇上坏人误入歧途，又该如何是好？""我们真的做好养育青春期孩子的准备了吗？"

有些父母虽然做好了与孩子对话的准备，却缺少应对冲突与沟通的技巧，比如如何开口，应该用何种方式说什么话。这也是我坐在电脑前写这本《青春期对话法》的原因。

与孩子对话固然是为了解决青春期的问题，但更大的必要性是在孩子心理问题萌芽之前就帮助孩子掐掉它。所以，相比"解决青春期孩子问题的对话法"，"与孩子之间培养良好平和的关系"更为重要。

所有问题都可以因为对话而解决。不管问题多么严重，只要还能对话，就能找到问题的"结"，然后小心翼翼地解开就好了。

明明是关系亲密的父母子女，为什么对话却如此困难？

人在不合心意或者心情不佳时会拒绝对话，青春期的孩子更是这样，"真讨厌他们（父母）这样""完全不理解我""为什么不行呢"……当孩子出现这种情绪时，对话之门就关上了。面对情绪化的孩子，很多父母选择忍耐，"他现在是青春期，我忍一下吧""找个合适的机会再说吧""这次不说也没什么"，一次两次地忍耐，从而放弃了正面沟通的机会，最终错失了解孩子内心的时机。慢慢地，父母就从不想跟孩子对话，变成了无法与孩子对话。

孩子进入青春期，也就意味着父母需要花费更多的时间来倾听，用对话来解决问题。一旦进入青春期，孩子的言语就由原来的"嗯，好的""好，就这么做"，变为"为什么""怎么了""讨厌""非要现在做吗""不做不行吗"。这些话的意思并不是表达单纯的对抗或挑战，孩子们更想传达的是——"请给我详细地说明一下吧""妈妈，不要发火，请心平气和地把您的想法告诉我""妈妈的话很对，但请您也听听我的想法""我只是跟妈妈的想法不一样""我可以按照自己的想法去做吗"。

想要跟孩子维持良好的关系，父母首先要学习了解孩子，最好是在孩子进入青春期之前就开始学习。特别是熟悉这些对话法之后，在看到孩子出现青春期症状时就可以对症下药。

父母渴望与孩子交流，同样，孩子也渴望与父母交流。

"妈妈，我有话要说"，这样的孩子不惧怕与父母交谈。"孩子，咱们聊会儿天吧"，这样的父母有足够的耐心与智慧。希望这本书能够帮助大家，让孩子的惧怕和父母的犹豫消失。

引发问题的对话 VS 解决问题的对话

青春期孩子最期盼的对话是能够了解他们内心的对话，他们希望和懂他们的人对话。对于青春期的孩子来说，他们期望家长不要一味地批评、责难，期望家长能够根据自己的实际情况来进行心灵对话。这不仅是青春期孩子的期望，应该是所有人的期望。

可是父母是怎么做的呢？孩子某一点做得不合心意，父母就会冷嘲热讽，语气冷冰冰的。

"你这家伙除了玩游戏，还会什么！"

话语里全是责备："你为什么不去做？""你怎么做不了？"这样的父母无法与孩子交流的原因全在他们自己。

他们与孩子说着说着就发火，甚至认为孩子是故意惹自己生气，对于孩子一个小小的举动都会怒火冲天。

"你知道自己在做什么吗？"

"我做错什么了？我正在吃比萨。"

"你这个孩子怎么竟拣着长肉的东西吃。"

或者：

"怎么又玩游戏？"

"作业全都做完了，玩一会儿。"

"作业做完学习就结束了吗？学习难道只是做作业吗？难怪学习成绩不怎么样。"

就这样，父母与孩子的对话变成了争吵。

看到孩子吃比萨，父母会联想到 10 年后他长成一个整天躺在家里一动不动的大胖子。看到孩子做完作业就玩，父母会联想到 10 年后他必定落后于他人。

于是，但凡看到孩子的行为不合心意，父母就会挖苦讽刺，他们从来没想过要耐心地跟孩子聊聊。看到孩子犯错，父母二话不说就发火，完完全全伤害了与孩子的感情，丧失了对话的目的。

千万不要忘记与孩子对话的目的——激励孩子，给孩子鼓励，帮助孩子回归平静；向孩子传达只要需要，父母随时都能给予帮助，父母非常关心他，希望他能时刻与父母分享情绪和想法。

如果孩子能够感受到对于父母来说，自己是最珍贵的，而且任何事情都不会妨碍自己与父母的对话的话，不论交谈的内容是什么，都是一次成功的对话。

积极对话四原则

"老师，我们做家长的也弄不明白，明明和老师说的话一模一样，老师说的，孩子就会听，也会严格遵守；而对于我们家长说的话，孩子总是嗤之以鼻。"

我经常会听到家长的抱怨。到底是为什么呢？明明是同样的话，为什么孩子听老师的，不听家长的呢？这个问题不是一两句话就能解释明白的。孩子总是曲解妈妈的意思，即便是"你要有远大理想"这种鼓励的话，也会被孩子解读为"刷完牙才能睡"般的唠叨。孩子还会认为这是妈妈心情好才这么说，倘若心情不好就会立马变脸。通过各种各样的经历，我意识到，孩子接收到的并不是父母原本的意思。

如何跟孩子对话呢？在孩子的成长过程中，如何与孩子维持良好的关系？如何引导一场积极的对话？

第一，我们要明确对话是两个人一来一往的活动，不曲解对方的意思，一字不差地接收对方发出的信号。如果接收的话语只占对方所说话语的70%，那不是对话，而是说教或训诫。我们需要留意孩子接收话语的比重。

第二，孩子的话语、想法，与父母的意见是同等重要的。父母与孩子的对话，不能只是为了劝说孩子，或者是指出孩子的错误，同时也是为了改变父母的想法。父母的意见总是占上风的对话并不是真正的对话，不过是命令的另外一种形式。

第三，对话的重点不是确认"我的感情""我的想法"，而是要确认"你的感情""你的想法"。如果父母只是一味迎合自己的情绪，就很容易忽略孩子的情绪。对话不是为了把父母的意见和想法强行注入孩子的大脑，而是为了让孩子的想法和情绪发生变化。请务必牢记这一点。

第四，父母不要把与孩子对话当作让步、妥协、修正、放弃。如果父母只是执着于让孩子接受自己的主张，那么对话就会草草了事。

对话是一天一天形成的习惯

无论是别墅、公寓、高层建筑，还是平房，只要地下排水系统出了问题，不管自来水系统多么先进，生活都会一团糟。虽然解决地下排水系统非常麻烦，但是坐视不管的话，生活会越来越不方便。

下水道刚堵塞的时候，倒入少量的管道疏通剂，等几个小时就能解决问题。这是非常幸运的，否则就得求助管道疏通工人。如果疏通工人的设备和技术无法疏通，就得进行一场大工程，需要把卫生间的地板打掉来找到堵点，有时甚至需要几周的时间解决问题，更不用说其中的麻烦和辛苦了。

防止出现最坏的状态是有方法的——洗澡后，务必清理悬挂在下水口的毛发、垃圾。从一开始就这样精心护理，下水道就不会堵塞。不需要懂建筑理论，也不需要了解与下水道相关的知识，只要每天重复这个动作，下水道就会畅通。

与孩子的对话也是如此。当父母与孩子产生意见分歧、芥蒂时，有些父母没有立刻解决，总想"等有时间好好聊聊"，可等到的是孩子的疏远。事实上，父母最好每天都抽出一点儿时间愉快地与孩子聊聊，哪怕只是说些琐碎的小事。

当人与人之间产生误会或者感情上有裂痕时，最好的解决办法就是当事人面对面地对话。就算是天大的事情，只要当事人相互确认彼此的感情且交换意见，就踏上了解决问题之路。像疏通好的管道一样，水会自然流淌，虽然会遇到高地，也会遇到洼地，但会一直向前流动。

良好的对话可以改变孩子的人生

对话是开启孩子心灵的钥匙，是让孩子内心成长的营养剂，是预防青春期症状的疫苗。就孩子的成长而言，不仅是吃喝，父母的安慰和鼓励才促进了孩子真正的成长。父母与孩子之间的良好对话，为孩子健康幸福地成长撒下了种子。

要想让孩子成长为一个明朗、温暖、坚韧、幸福的人，父母在日常生活中与孩子的对话至关重要。在不断的对话中，孩子设计出了伟大的人生。父母疏于跟孩子对话，孩子失去的不仅是一个个小机会，而是在父母指导下筑建伟大人生的机会。

现在，此刻，请开始努力与孩子对话吧！

第一章

孩子会长成父母描述的样子

第二章

盲目自信的父母，问题重重的孩子

第三章

开启对话前，先学会与孩子共情

第四章

有效沟通的九大要素

第五章

周末一小时对话法

第六章

针对各种问题孩子的对话法

附 录

青春期对话实例三则

孩子会长成
父母描述
的样子

青春期
对话法

ADOLESCENT
DIALOGUE

对于青春期的孩子来说，

父母的评价犹如孩子人生建筑的地基。

孩子把父母说的话当作支柱，

在上面建造一座名为"我"的建筑物。

在面对人生重大危机时，

他们能够想起的不是数学公式、科学法则，

也不是英语文章、优美的诗句，

而是父母每天所说的朴实话语。

你的每句话都在雕刻着孩子

"我是谁？"

"我能做好什么？"

"我属于哪里？"

"我以后会成为什么样的人？"

孩子进入青春期后问题会越来越多，他们主要探求的问题就是"自我"，每个瞬间都会有无数关于自我的问题迸发出来。

有问题但是得不到答案，孩子即便是问周围的人，答案也各不相同。他们问家人"我是谁"时，家人必定回答是家族一员；而向老师抛出这个问题时，老师只会说是某年级某班的某某某，还会加上"你哪科比较好、哪科比较差"这样的评语。

问朋友的话会更加混乱。朋友的回答往往如下："你像四次元里的人""你很善良""你太帅了""你没礼貌""你是我朋友""你是没有义气的家伙""你学习不错""你没有存在感""你就是个爱拍马屁的家伙""你会玩游戏""你足球踢得很棒"……无论是社会，还是大众，都称青春期的孩子为"完全无概念的一代"。

从父母那里经常听到的话

在探究"我是谁"的过程中，青春期孩子所接受的最大影响力来自哪里呢？那就是父母的话语。因为父母是每时每刻都在自己耳边说话的人，父母说的话再令自己讨厌也得去听，久而久之，他们的话会不自觉地刻在孩子的脑海里，从而形成孩子的思考方式，特别是自我意识形成的话对孩子的影响非常深刻。

"你从小就是个善良的孩子，不论走到哪里都爱看书，有时听到你没声音，回头一看发现你又在看书。"

经常听这种话的孩子形成的自画像就是"我是一个爱读书的孩子"，相反，如果父母经常对孩子说"你从小就没有一件事情能做好"，那么孩子就会认为"我是个一无是处的孩子"，做任何事情都不尽全力。

令我们遗憾的是，大多数父母会努力抓住孩子的缺点、不足，忽视孩子的优点、长处。因为他们觉得那些对的事情都是孩子理所当然要会的，不需要格外称赞。

"不知道为什么，每次看到你的画心情都会特别好，会不自觉地笑出来。"

"听了你的话，我心里特别温暖，你真是一个善良的好孩子。"

"看到你写的文字，我心里觉得特别舒服，特别想跟你聊聊，难过的时候不要忍着。我还想起了好多以前的事情。"

你曾经试着这样称赞过你的孩子吗？你是否试着去观察孩子的特别之处并大加赞赏呢？这是值得思考的事情。

这些特别之处并不是在某项比赛或者考试中表现出色，而是在日常生活中，孩子的某些语言、表情、想法、表现，等等。称赞孩子的特别之处是非常重要的，孩子们就是听着这些称赞慢慢长大成人的。

父母的评价，犹如孩子人生的地基

对于青春期的孩子来说，父母的评价犹如人生建筑的地基。孩子把父母说的话当作支柱，在上面建造一座名为"我"的建筑物。

孩子常常会对自己产生疑问："我是谁？""我能做好什么？"在孩子迷茫的时候，如果父母只是关注孩子的学习，说"做这个、做那个"或者"不能做这个、不能做那个"的话会怎么样呢？在孩子的成长过程中，对于孩子的特长视而不见会如何呢？就像劣质的支架上建造起来的摇摇晃晃的建筑物一样，孩子对自我的认定是软弱的、消极的。生活中，在面对人生重大危机时，孩子能够想起的不是数学公式、科学法则，也不是英语文章、优美的诗句，而是父母每天所说的朴实话语。父母的话可以挽救孩子，也可以杀死孩子。

"打起精神来，不要垂头丧气！"

有个5岁的小姑娘，因为事故下半身瘫痪，可最终，她在父母的鼓励下考入了韩国一流大学——首尔大学的法学院。她父母常常在她面前说的话就是"打起精神来，不要垂头丧气"。因为身体残疾而被学院拒之门外时，因为身体残疾而被其他人同情、嘲笑时，因为身体残疾而将自己封闭起来时，都是父母的话挽救了女孩，而非那些"要有雄心壮志"的话。

请父母们务必记住：父母的每句话都在不断地雕刻着自己的孩子，"你长大后要成为这样的人"，父母美好的期望就像凿子一样，把孩子雕刻得更加美丽。

你能读懂孩子话中隐藏的情绪吗？

在房间里到处翻找的银儿突然大喊起来：

"妈，看到我的 T 恤了吗？我明明放在这里的，怎么没有了。"

"你放在哪里就在哪，难不成衣服长腿了？"

"没有啊，你不能帮帮我吗？"

"你最近怎么了？找件衣服都不耐烦。"

"我什么时候烦躁了？连件能穿的衣服都没有。"

"没有衣服？你衣柜里挂得满满的是什么？"

"谁没有衣服呀，我是说没有能穿的衣服。你出门的时候不也总抱怨没有一件能穿的衣服嘛！"

一进入青春期，那个乖巧温顺的孩子就变得完全不一样了。稍不顺心就会烦躁，有时还夹杂一些脏话。

像银儿这样因为衣服而烦躁不已的情况越来越多，这说明青春期的孩子对外形相当关注。"谁没有衣服呀，我是说没有能穿的衣服。"银儿的话所表达的意思就是我想打扮得漂漂亮亮，可是现在的衣服没有一件合心意，我希望能够随心所欲地买自己喜欢的衣服。出现这个行为是有原因的，要么是有了自己喜欢的异性，要么是身边的朋友可以自己选择衣服类型。总的来说，银儿的生活发生了某些变化。

一提到修学旅行，启俊就脸色大变。

"妈妈，我可以不去修学旅行吗？"

"不去修学旅行？为什么？哪里不舒服吗？"

"没有不舒服，我讨厌去修学旅行，讨厌换地方睡觉，想在家把积压的作业做完好好休息一下。修学旅行回来更累了。"

"真是奇怪呀。你是说要放弃修学旅行在家学习吗？"

"不都是学习吗？为什么非要去修学旅行？在家学习不更好吗，还省钱。"

"钱的问题不用你操心。你是不是被孤立了？"

"绝对不是。妈妈，你看不出我很烦躁吗？难道我在妈妈面前也不能表达自己的意愿吗？"

一般来说，修学旅行和春游、秋游都是学生们翘首以盼的事情。不去修学旅行意味着什么呢？

肯定是同学关系没有处理好。对于青春期孩子来说，处理不好同学关系是一件非常丢人的事，所以启俊编造了一个想要休息的理由。

读懂孩子话语里隐藏的意思

不想参加修学旅行、春游、秋游，有着各种各样的理由，最常见的理由就是没有玩到一起的朋友，担心在大巴上没有同学挨着坐，也担心一个人孤零零地吃饭。与其各种担心，还不如不去的好。

如果在学校里被同学孤立或者欺负，孩子肯定非常惧怕跟同学们一起过夜。因为被同学欺负时，没有任何人会站出来帮助自己。

当然，部分学生不喜欢修学旅行是因为惧怕离开家，离开了妈妈的帮助，起床、洗澡、换衣服等日常生活都觉得很茫然。

就启俊来说，他想告诉妈妈他在处理同学关系中遇到了难题，可是妈妈完全没有领会。启俊的妈妈应该这样说：

"启俊呀，虽然妈妈听你说过不想去修学旅行，但是你从来没说过没有朋友啊。"

虽然启俊与妈妈的沟通没有解决任何问题，但我还是要重申一下与青春期孩子对话的重要性。

孩子一旦进入青春期，就不会像小时候那样将喜怒哀乐全写在脸上，他们会用巧妙的语言来试探父母的想法和心思。这个时候，父母一定要弄懂孩子话语内隐藏的意思。要想读懂孩子细密的内心，平时一定要多跟孩子聊天，创造平和的氛围，让孩子无所顾忌地说话。

如果猜不透孩子真实的想法，父母与孩子之间聊多久都无济于事。哪怕只是简短的话语，也请努力了解孩子真实的想法和意图。

对话的力量

当发现孩子总犯同一个错误时，无论哪种类型的妈妈，都会有"我的孩子没救了"的想法，必须要采取补救措施。性子急的父母会立马去找咨询机构或者咨询师咨询，希望孩子的问题可以立即得到解决。

"妈妈问你时你说句话吧。你怎么可以一句都不回应？"

"坐的时候有个坐相。你有什么事吗，干吗总是抖腿？"

"不要把脖子弄得咯吱咯吱响，这是非常不好的习惯，都说了多少遍了，你能改了吗？"

"把音量调低点儿。你听的什么音乐呀，歌词都含糊不清。听着这样的歌能学习吗？你能学进去吗？"

对于妈妈来说，青春期孩子的每一个动作都是需要改造的。

"为什么改不了？下定决心就能改得了。"

事实上，如果没有妈妈的唠叨，孩子会觉得这些行为都是无关紧要的小事。

青春期的孩子不是机器人，如果非要把他们比作机器人，那他们就是控制器失灵的机器人。父母不论输入什么指令，都无法转换成指令符号输入他们的大脑。就算他们的大脑读懂了指令，他们的身体也像潜到海底两万里一样，进入麻痹状态。

看到孩子种种不可思议的行为，家长已经没有耐心去了解孩子为什么要这样做了。但只要了解孩子的内心和想法，自然就能理解他们的行为。

读懂孩子的想法，他们的行为会发生变化

青春期孩子的问题行为、话语都有一定的模式，而最容易找出这些模式的人就是孩子的父母。只要多留意、关心一下孩子，或许一时搞不懂他那样做的理由，但一定能预见某种情况下孩子会出现的行为。然后，再借助与孩子的对话来帮助孩子矫正问题行为。

"据妈妈观察，你作业特别多或临近考试时会非常烦躁，一点儿小事也会发脾气，无法安心学习，不是在房间里走来走去，就是到处找吃的。你自己觉察到了吗？"

"你想要的东西没买，或者你想做的事没做成时，你有发脾气、大喊大叫的倾向吗？别人说的话一句都听不进去，甚至会摔椅子或其他物品来威胁妈妈。你是单纯想发火呢，还是想通过这些行为来获取你想要的东西呢？"

当然，青春期孩子会回避自己曾经的问题行为，就算知道自己做错了，也不愿意在父母面前承认错误。如果能正正当当认错的话，当初就不会出现问题行为了。

言先于行，而言又依附于思，所以，想法决定语言，而语言又会产生行为。要想改变孩子的问题行为，首先要了解诱发行为的想法，这就需要对话。通过对话来了解孩子真实的想法，一旦改变了孩子的想法，问题行为就自然而然发生变化或者消失了。

用问句教会孩子精准表达

在生活中，人不可能只做喜欢的事，还要做些不喜欢的事，在这个过程中很可能与他人出现意见分歧，因此还要学会避免冲突的方法。为此，某些时候要放弃或者改变自己的想法，还要懂得吸纳不同意见。

如果没有进行任何训练，实践起来绝非易事，尤其是对于非常叛逆的青春期孩子来说。所以，从小时候开始，父母就要教会孩子准确表达想法、劝说他人。这就是真正的对话。

韩星一家每周六早上7点起床，然后乘坐KTX（韩国高速铁路）去看乡下的爷爷。大家都期盼的悠闲周六，对于韩星来说却是最难熬的一天。

"不知道这样的日子还有多久，反正只要爷爷活着，每周六都得去乡下看望，就连辅导班都不能去。"

两年前爷爷被检查出了胃癌，于是，爸爸向全家发出了"炮弹宣言"——每周都要回乡下看望爷爷。

"孩子们还得去补习班，还得学习，我们每个月去一次不可以吗？"不论妈妈怎么劝说，爸爸都坚决反对。曾经一年去看望爷爷几次，现在是每周都去看望一次。一想到这个，韩星就头疼不已。可是，爸爸还是坚持自己的决定。

"周末去看望爷爷也是学习，不对，是比学习更加重要的事情。"

韩星忍受不了，用自己的理论反驳爸爸：

"爷爷、奶奶不是您的爸爸、妈妈吗？您自己回去看望不可以吗？为什么非要求我们都去？"

"不错，爷爷、奶奶是我的爸爸、妈妈，可是比起爸爸，爷爷更爱你们，更想你们。在爷爷活着的日子里，你们每周去看望一次是在尽孝道。"

"子女只对父母尽孝就可以了，您和妈妈去对爷爷尽孝不就行了？"

"好，就按照你说的，子女只对父母尽孝。爷爷的儿子是我，我的儿子是你。你想对我尽孝就应该听我的话，我就是希望你们能和我一起回乡下看望爷爷，这就是我认为的孝道。"

"可是爸爸认为的尽孝方式和我们想的不一样啊！"

"这的确是我的方式。那你认为怎么才算尽孝？"

"很多呀，给父母买好吃的，给他们零花钱，好好学习，让父母高兴，听话，这都是尽孝的方式呀，非要每周坐火车去爷爷家吗？"

"你说得对，尽孝的方法是很多，但爸爸觉得最好的尽孝方式就是按照父母的想法去做，不是你想做什么，而是父母希望你做什么。现在爷爷最高兴的事情就是见到我们。"

"我们可以跟爷爷视频通话呀，为什么非要每周花费那么多时间去乡下呢？"

"没错，我们确实可以视频通话。但你想想，如果你有了相爱的人，你是想直接见面牵手聊天一起吃饭呢，还是想通过手机或电脑视频聊天？你觉得哪种更好？"

"当然是见面了，视频聊天又触摸不到对方。"

"这就是为什么要去乡下看望爷爷的理由，我认为这就是爱，不是按照自己的意愿去做事。即便自己有些不方便，也要考虑所爱的人的想法，成为他的依靠。"

"即便如此也没必要每周都去吧，把车费节省下来给爷爷买好东西不也是一个好办法吗？我觉得每周都去乡下就是一种浪费。"

"我不觉得这是一种浪费。就像你说的，一个月去一次，多给爷爷买好东西也没有错。但是，爱是舍得为所爱的人花费时间和金钱。跟所爱的人在一起，难道不比那些好吃的更令人觉得幸福吗？"

"嗯，我现在明白了，尽孝不是按照自己的方式去孝敬父母，而是按照父母希望的方式去做。"

最终，韩星接受了爸爸的想法，不再为看望爷爷而烦躁。

父母的逻辑会影响孩子

孩子明白有些事情不得不做，但遇到令自己讨厌的事情，还是会想尽办法逃避。这时候，如果父母能够耐心劝说，孩子会慢慢用父母的逻辑来说服自己。通过这个过程，孩子可以学习客观地评价自己。

就像前面的例子，如果韩星爸爸不去跟他好好交谈，而是直接告诉他必须无条件服从自己的决定会怎么样呢？孩子既学不到与他人分享意见，也学不到如何准确地表达自己的想法，更不会向爸爸敞开心门。

父母在与孩子对话时，如果能耐心听取孩子的想法，找出分歧，然后有理有据地向孩子抛出问题，良好的对话就开始了。"你真正想要的是这个，对吗？"这样问的话，孩子会思考自己真正想要的结果并给出答案。通过这种方法，孩子可以反思并改变自己的问题行为。

当孩子问"为什么只有我不行"的时候

孩子小的时候，父母一句"不行"就可以控制孩子，孩子就会乖乖照做。可进入青春期之后，孩子会刨根问底："为什么只有我不行？""为什么只有咱们家不行？"父母觉得孩子明明知道原因，还用这种反抗的语气来质问，会大为不悦，也认为孩子在挑战自己。

于是，大部分父母都是这样回答的：

"不行就是不行，上次就不行，难道再做一次就行了？你明明知道，为什么总说同样的话？"

事实上，回答孩子这个问题是非常重要的，是教会孩子人生价值和先后排位的重要机会。

"现在我们班只有我没有智能手机了，咱们家也没有电视，现在连幼儿园的小孩都有智能手机。"

"7 点必须回家，这像话吗？放了学跟朋友一起溜达回来就 7 点了，其他什么事儿都没法做。"

"bb 霜是必备品，看看我那些朋友们，谁不是眼影、睫毛膏、唇彩、粉饼样样都有。"

"为什么只有我不行"，从智能手机、回家时间、化妆到抽烟喝酒，孩子的质问五花八门。"是的，虽然其他人都那么做，但是这不能说明你就得那样做。"这样的回答就证明父母们不允许孩子那样做。

如何让孩子由"为什么只有我不行"的质问转变为"我没关系"的自我鼓励呢？父母一味利用自己的权威禁止，孩子就能乖乖照办吗？

父母用积极的回答来教育孩子

"为什么只有我不行？"每每遇到孩子质问，父母都会烦躁不已。不过，这个时候，良好的对话、积极地说明理由才是最好的办法。尝试之后父母们就会发现纠正叛逆的孩子并非不可能。

"你说得对，妈妈知道有些幼儿园的小孩也拿着智能手机。现在韩国小学生用智能手机的数量比英国的商务人士还多，这样的新闻我也看过了。但是，什么内容可以看，什么内容不可以看，你现在还没有明确的判断力。智能手机很容易让人陷进去，爸妈不想到时候跟在你屁股后面天天念叨不可以玩手机，我们觉得现在这样更好。你想想，没有电视，我们晚上可以早睡 1-2 个小时，可以听听音乐、聊聊天，看看书……咱们全家人待在一起的时间也多了。知道你想要智能手机，不过在高考结束之前还是忍耐一下吧。"

"不要认为 7 点必须回家很无理，如果不规定一个时间，你能自觉回来吗？当然，7 点之前你跟朋友玩，妈妈决不干涉。"

"十来岁的孩子光用清水洗洗脸就很漂亮了，你这个年龄正是最好的时候，再过几年，就算讨厌化妆也不得不化。现在你觉得涂上眼影更漂亮，可其他人却不那么认为。别的孩子都那么做，你也要跟着做，时间长了，你会没了自己的主见，只会人云亦云。你讨厌爸妈拿你跟别的孩子比较，那你为什么非要跟别人一样呢？"

孩子会接受父母的意见，打消"为什么只有我不行"的念头，可是，突然有一天孩子又问"为什么只有我不行"的时候，父母要注意倾听孩子的想法，有必要跟孩子交流一下："之前都说过不行了，要想让我们答应也行，说说你的理由。"因为孩子重新提起，肯定是他的想法有了变化，或者发生了某些事情。

对话是一起寻求答案但未必有答案的过程

孩子们都喜欢做单项选择题，因为四选一，只有一个答案是正确的，简单，不需要太费神。习惯了简单的孩子，状况变得稍微复杂一点儿，就会陷入混乱，找不出答案。他们一般会有如下反应：没有答案怎么解决问题？我认为这就是答案，其他人的想法为什么不一样呢？

不过，人生中决定性的、至关重要的问题大多时候都不是用对错来衡量的。绝大多数孩子都过着按部就班的生活，既定的时间，既定的课程，老师教授的内容也是相同的。想让生活圈子单一的孩子知道人生的多样性，就需要父母发挥作用。通过对话来一起解答需求，同时也向孩子展示问题的多样性，也是一种教育。

与答案相比，一起思考问题的过程尤为重要。大多数情况下，孩子只是明白自己内心的答案。通过对话，孩子会了解自己的意见是什么、父母的意见是什么，会体会到相互了解对方意见的过程多么重要。

"原来爸妈对我的事情这么上心，我想得太单纯了，爸妈会考虑到各种变数。之前我还总以为自己的想法才是最好的呢。"

与找寻答案相比，孩子能有这样的觉悟更为宝贵。通过对话，可以让孩子更加信赖自己的父母，也有助于父母和孩子一起去找寻答案。

方向比批判更加重要

父母觉得不停地唠叨可以让孩子变好，可事实上往往会产生反作用。总是忽略孩子的话语，会陷入事事批判的境地。

"你为什么只想着自己？为什么总是死脑筋？"父母的质问反倒引起了孩子对父母的反感和反抗。因此，当孩子倾诉不满或担忧时，父母不该只是批判、斥责，应该告诉孩子自己的想法以及孩子需要考虑的方面。

当然，如果孩子能够自己解决问题是最好不过的。在孩子为问题苦恼时，父母的作用是观察孩子是否偏离问题的出发点，倘若有遗漏的地方，就要提醒他们。

即便是父母的结论与自己的相同，孩子也是更愿意自己做决定。他们享受找寻答案的成就感，即便这个过程非常艰难，孩子也会带着强烈的意志去完成。

所以在碰到问题时，父母首先要问问孩子的想法："对于这个问题，咱们怎么做好呢？妈妈把自己的想法毫无保留地说出来，你也说出你的想法。你觉得呢？怎样做比较好？"这样一来，孩子能够感受到父母对自己意见的尊重，认识到对于父母来说，他们是宝贵的存在，还能增强孩子独立解决问题的自信心。

父母的情绪会严重影响孩子的生活

妈妈为了拿到超市的折扣一直纠缠着店员，瑟儿看不下去，径直跑了出去。

"妈妈怎么能这么做呢，多难看。"瑟儿觉得非常丢人。

"钱不够就不要买呀，为什么非要在那么多人面前丢脸呢？"

瑟儿完全理解不了妈妈的做法，为了节省几千韩元（1000 韩元约等于人民币 6 元）纠缠店员，跟店员说好话。孩子不能理解的，或者他们根本不想理解的父母的生活方式，却对孩子的生活有着极大的影响。

父母也经历过青春期，想到那些未实现的愿望也会难过、自卑。父母有必要把自己的过去，甚至自卑情绪一五一十地告诉孩子，让孩子知道父母是与自己有同样感情的人。父母的情结会严重影响孩子的生活，特别看重学历的父母，会容易强求孩子考名牌大学。

"别看电视了，回屋学习去！"

"妈妈你不看新闻吗？一流大学的硕士、博士一半都找不到工作。我不去大学，我要去学做面包，未来开家西饼店。"

"面包店？你这是从来没尝到苦头才这么说。一流大学的学生找不到工作？这是道听途说。考不上一流大学的孩子才这么说，能上一流大学的大学生都忙着学习，谁有时间瞎说？快去学习！"

"你们不也没考上一流大学，为什么总要求我考上？"

倘若父母都是一流大学的毕业生，孩子又会说：

"一流大学毕业又怎么样？也就活得这样，不照样什么都没有。"

理解父母痛苦的孩子

越是因为家庭困难而放弃学业的父母，越不愿与孩子聊自己的情况，他们觉得无法说出口。

越是这种情况，越应该告诉孩子自己的过去，这不单与学历有关。如果孩子不能理解父母的想法和生活方式，父母最好跟他们好好说明，期望他们理解，不如直接告诉他们。

"妈妈小时候没能上大学，高中毕业之后就直接工作了。妈妈也下过决心攒钱上大学，可这真不是容易的事儿。后来遇到你爸爸就结婚生下了你们。偶尔听别人说起大学或者大学生，妈妈心里就不舒服，觉得非常遗憾。我下决心，绝对不能让自己的孩子因为钱而不能上大学，所以我常常跟你们提起大学，虽然这些都是听来的，但是妈妈真的期望你们能上大学。"

这番话语或许提不起孩子的兴奋点，但至少告诉孩子父母为什么常常提起大学，为什么要说这番话。孩子会觉得父母不是每天只会提"大学"的无趣之人。

了解父母的情况之后，如果能理解他们的痛苦，孩子就会用心去倾听他们的话，对于他们的要求不再那么逆反。因为没有父母愿意自己的孩子吃苦。理解父母的孩子会大不一样。

盲目自信的
父母，
问题重重的孩子

青春期
对话法

ADOLESCENT
DIALOGUE

进入微烫的淋浴室，

大人会说"好舒服"，孩子则说"烫死了"。

这是因为大人和孩子对温度的感知不同。

相互认可彼此的观点差异，

就会明白孩子的话语并不是违逆大人的意思，

只是孩子与父母的感受不同，想法不同而已。

父母总用自己的剧本解读孩子

相同的舞台，相同的演员，相同的故事梗概，孩子与父母却有着不同的编剧风格。他们不会去设想对方的剧情，只是认为"我忠实于自己的角色就行"或者"我只要做好了，对方就会跟随"。

最终的结局是剧情没有任何进展，因为他们的方向完全不同。

孩子离家出走，父母担心之余会想到如下的剧本：

"好吧，就让你见识一下这个世界有多么可怕，吃点儿苦头才会知道家里有多舒服。没吃没喝的，看你能坚持几天。"

孩子的剧本又是怎样的呢？

"与其在家看着爸爸妈妈的脸色喘不过气来，还不如出来跟朋友们玩，虽然睡觉的地方不舒服。我可以跟朋友们在公园或者大厦的天台上玩到凌晨，然后去桑拿房睡到下午。起来又可以跟朋友们一起玩，没钱了就去打工，要不然就去学长或者朋友家里蹭两天。就算被爸妈抓住了也没事儿，过两天我再逃出来。"

对于离家出走这事，父母与孩子有着不同的剧本。即便如此，通过对话还是能相互沟通的。

如果我是孩子，我会怎么想呢？

有一天，如果孩子问下面的问题，你该怎么回答呢？

"我被全班孤立了，心情真的非常糟糕。今天我把这事告诉了好朋友，可他一点儿都不关心。"

父母的反应会有以下三种。

"你做什么了？他们为什么要孤立你？如果你学习好，肯定没人会孤立你，赶紧好好学习吧。"

"是谁欺负你？告诉我是谁，妈妈明天去学校找你们老师。我要问问老师是怎么当的，他为什么不管？"

"你的好朋友肯定是心情不好吧，有时候妈妈跟你说话你也没有回答呀。"

父母根据自己的想法来设想孩子的处境，而孩子有自己的想法。

"大家都孤立我，我做错了什么呢？我要不要退学？还是转学？就这样坚持一年我会疯掉的。讨厌去学校。我该怎么办呢？"

"其他人都聚在一起玩，每天就我自个儿玩。我什么时候才能交上朋友？"

"跟其他人一样，妈妈好像也不喜欢我。妈妈只喜欢成绩好、可爱的弟弟，总是对我发脾气。"

事实上，孩子向父母抱怨没有朋友的时候，他们是想从父母那里得到安慰。

"你一定会有好朋友的，学校生活还是很有趣的，别太沮丧。你永远都是妈妈最珍贵的宝贝。"

孩子希望从妈妈那里听到这样的话语。如果父母没有读懂孩子的心理，只是根据自己的剧情设定来沟通，以后的日子里，孩子会拒绝与父母对话，不会再向父母倾诉任何有关自己的事情。

同样，对于父母吵架这事，父母与孩子也有着不同的想法。父母觉得这是大人之间的事儿，没必要让孩子知道，大人自己解决就可以。不过，对于在房间里听到父母吵架的孩子来说，他们有另外的想法。

"父母是不是因为我吵架？难道是因为我学习不好、不听话？还是因为我花钱太大手大脚了？如果没有我，他俩就不会吵架了吧。我是不是应该离开这个家？我不去上补习班了？如果我死了，家里就能消停了吧？"

孩子会以为父母吵架完全是因为自己。事实上，许多父母吵架会不时连孩子一起抱怨。

进入微烫的淋浴室，大人会说"好舒服"，孩子则说"烫死了"。这是因为大人和孩子对温度的感知不同。相互认可彼此的观点差异，就会明白孩子的话并不是违逆大人的意思，只是孩子与父母的感受不同，想法不同而已。

在与孩子沟通不畅时，请站在孩子的立场上设想一下孩子的剧本。

"作为父母我会这样想，如果我是孩子，我会怎么想呢？"

转换立场之后，父母才能摘下有色眼镜，读懂孩子的内心。

对话实践 ①

对孩子的剧本非常好奇，该怎么对话？

最好先问问孩子的想法，"我们的孩子肯定跟我想的一样"不过是父母理所当然的想法，孩子的想法往往不一样。为了掌握孩子的想法，父母可以选择些话题，平时问问孩子的看法。

💬 "今天我从报纸上看到了一个新词'出走家族'，离家出走的 3-5 名
   青少年会临时组成一个家庭一起生活。我很惊讶。你怎么看？"

💬 "你跟妈妈想法不同时，你希望妈妈怎么做？是按照你的意思去做，
   还是希望妈妈说服你？"

💬 "遇到这种情况时，你会怎么选择？"

💬 "对于这件事，你是什么心情？"

盲目自信的父母

　　青春期孩子在说起父母时会有些不满、失落。其中最令他们失落的一点是，只有出现问题时父母才会关注他们。

　　"我们孩子打同学？用饭盒？不会吧？我们孩子是那种挨打也不还手的孩子。老师，您是不是弄错了？会不会是我们家孩子被打了？"

　　泰民的妈妈接到班主任的电话，她觉得老师肯定弄错了。泰民是个温顺的孩子，虽然个头很高，但乖巧懂事，从来不惹事，非常照顾弟弟妹妹，怎么会打同学呢？

　　泰民妈妈急匆匆地去了学校，跟对方父母和班主任道歉，并向他们保证，如果被打的孩子检查有问题，她一定会支付治疗费。

　　事情结束后，泰民和妈妈回到家，两个人面对面坐着。妈妈非常吃惊，她不明白乖巧的儿子到底为什么会打人。

　　"我跟朋友们一起吃午饭，他不停地挑衅我，我非常烦躁，然后就拿着饭盒砸他了，这就是全部。"

　　"他到底说了什么让你这么生气？"

　　"他一直追着我喊道'说呀，说呀，你快说呀，你为什么不说，快点儿说'。"

　　"他让你说什么？"

"妈妈不需要知道。"

"事情都闹这么大了，妈妈还被叫去学校，你却说妈妈没必要知道，这像话吗？妈妈觉得太惊讶了，到现在心脏还怦怦乱跳呢。"

"饭盒也没碎，只是打了他的头一下能怎么样？他们要钱，赔他们就是了。"

"这是钱的问题吗？你的学籍上被记上校园暴力，你知道是多么严重的事情吗？它会跟你一辈子的，是无法抹掉的。"

"我没想过这些，妈妈知道就行了，我无话可说了。"

"除了这件事，你是不是还做了其他坏事？有的话赶紧告诉我，妈妈知道了才能帮助你呀。"

"绝对没有，妈妈你放过我吧。"

泰民站起来，"哐"地关上门去了自己的房间，留下妈妈一个人。妈妈还是没弄明白事情的缘由。

在妈妈眼中，泰民是一个从不惹事的温顺孩子。妈妈想知道孩子到底做错了什么。其实不过是孩子长大后内心发生了变化。

泰民的父母怕伤到孩子，决定以后不在孩子面前提起这件事，不过内心依旧不安。

"我到底做错了什么呢？孩子为什么会发生这样的事呢？"

分享哪些话题很重要

孩子出现问题后，父母才疑惑"我们的孩子怎么会做这样的事"，这也反映出父母与孩子在日常生活中没有交流。

"今天累不累？跟同学相处得好不好？"

"觉得哪门课最累最无聊？是老师上得无聊，还是课本的内容没意思？"

"有没有想一起学习的同学？有没有具体的实施办法？"

"你们班里有没有让你讨厌的同学？他哪些行为让你觉得讨厌？别的班有特别要好的朋友吗？"

"有换班主任的想法吗？喜欢哪种类型的老师？有什么特别的原因吗？"

父母如果平时经常与孩子聊这些话题，那么当孩子出现问题时至少知道问题的根源在哪里，防止事态更加恶化。当然对话并不能解决所有问题，不过通过孩子的回答，可以洞察孩子心态的变化。

孩子在做出问题行为之前会有各种征兆，不幸的是，很多父母错过了帮助孩子解决问题的时机。有些父母也发现了孩子的异常行为，但他们往往宽慰自己，"没事儿，是我太敏感了"，从而忽视了孩子的问题。

你是诚实的父母，还是盲目自信的父母？

父母没有把孩子的异常行为当作问题，是因为他们不想承认孩子出了问题这个事实。他们无视这些问题，是因为他们没有解决问题的对策。于是，他们会宽慰自己"没什么大不了的"，希望事情悄无声息地过去。我称这类父母为"盲目自信的父母"。

青春期孩子的父母最常犯的一个错误，就是坚信自己的孩子没有问题。

"我相信我的孩子，他绝对不是那样的孩子。"

这句话的另外一种解读是"孩子做错事了吗？"或者"坚信这不是我孩子做的，没必要过分关心"。有些父母甚至对孩子的过激行为不以为意："这算什么呀？这么大的孩子连这点儿反抗精神都没有，还怎么长大呀？我像他这么大时比他调皮多了，只有这样才能适应社会生活呀！"他们懒得去弄清楚孩子目前的状况和心理变化，只是盲目自信。

想要把孩子的问题扼杀于萌芽状态，就要每天抽出点儿时间了解一下孩子的生活，当然这个时间不要演变为单纯的说教时间，应该是倾听孩子的时间，集中精力听孩子说话，自然而然就读懂了孩子的内心。

对话实践②

如果对孩子的日常生活感到好奇，该怎么对话？

在进行对话课培训的时候，父母会问这样的问题："我对孩子的日程表都很了解了，还需要问他们什么问题？"这句话听上去没错，与孩子日常相关的问题，比如上学放学时间、吃饭时间，父母都了如指掌。不过，如果父母盲目坚信对孩子的了解，从来不过问孩子现状的话，就很难发现孩子的变化。但是，如果妈妈每天都问同样的问题，孩子也会不耐烦："您不都知道了吗？每天都问同样的问题，不烦吗？"妈妈可以准备好话语来迎接孩子的反问："今天不是新的开始吗，我很好奇我的儿子（女儿）有没有新的变化，妈妈总是对你的事情很好奇呢。"

吃晚饭时可以尝试下面的对话：

💬 "今天在学校吃的什么？同学们最喜欢什么样的食物？你最喜欢吃哪种？"

💬 "今天没吃早饭就上学了，能撑到中午吃饭吗？"

💬 "午饭都跟谁一起吃？同学们都聚在一起吃吗？还是三三两两分散着吃？"

💬 "有自己吃午饭的同学吗？如果学校的饭菜不爱吃，可以自己买着吃吗？"

全家人吃零食时可以尝试下面的对话：

💬 "有带零食去学校的同学吗？你们去学校的小卖部都买什么小零食呀？"

💬 "一般什么时候觉得最饿？什么时候会犯困？"

给孩子送加餐时可以尝试下面的对话：

💬 "昨天晚上几点睡的？睡得好吗？没做噩梦吧？是学着学着睡着的吗？"

不关注孩子的内心，只提供解决方案

一年前，我见到了中学二年级的学生成民，成民在学习跆拳道和柔道。不过，成民完全不像爱运动的孩子那样阳光，有自信。

"你都上初中了，还有时间同时上跆拳道和柔道吗？我看其他的孩子只上学习类的辅导班……有什么特殊的原因吗？"

"爸爸……运动……"

成民的眼泪大颗大颗地滴了下来。"爸爸和运动"有什么关系呢？

"刚上初中的时候，某天有个朋友把我从教室里叫了出来，然后带我去了卫生间的后面，有6名学生正围在一起抽烟，他们给我烟被我拒绝了。一周之后，这个朋友又带我去了同样的地方，有几个学长等在那里，朋友指着我说：'不一起抽烟算什么朋友呀。'然后跟学长一起揍了我一顿。那天晚上爸爸知道了这事儿，说：'都是因为你看上去没力气才挨打，你得练练，不能让任何人再欺负你。'第二天爸爸就去给我报了跆拳道和柔道班。"

"原来这样啊，你上了多久的课外班了？"

"9个月了。"

"那应该还无法吓到那个朋友吧？听说你经常看《朋友》这部电影？"（这部电影讲述了曾经特别要好的朋友因为在帮派斗争中相互报

青春期对话法

复，最终成了真正的敌人——译者注）

"嗯，看了几十遍。"

"看这部电影的时候你也会有杀掉那个朋友的想法吗？"

"是的，非常想么做。"

"父母不知道你经常看《朋友》这部电影吧？"

"不知道。"

"今天咱俩能聊聊你想杀掉朋友的方法吗？"

整整三个小时，成民平静地向我描述了他的想法。如果父母听到了肯定接受不了："这么温顺善良的孩子怎么会有这么残忍的想法呢！"

"还有这样的方法呀，还可以这样做，你说出来之后有什么感觉呢？"

对于成民的描述，我都一一回应。成民在描述过程中也在反思，他不再那么愤怒，慢慢平静下来了。

如何与青春期的孩子聊得来

再回顾一下上面的事件，成民因为不一起抽烟而被朋友和学长暴打，当天晚上成民的爸爸就为成民找到了一个解决问题的办法，"只要你变强了，就没有人敢欺负你"。事实上，成民的爸爸并没有照顾成民的心情和感受。

现在，成民按时去学校，按时去课外班。在父母眼中，成民还是曾经那个温顺的孩子，好像挨揍的阴影已经完全消失了。可是，成民只要在学校碰到那个朋友就会愤怒无比，发誓要数十倍还回去。他也无法把这种情绪告诉父母。

"妈妈，每次在学校看到那家伙，我都想杀了他。"如果这样说的话，他能想象到父母的反应。于是，他强压着怒火去课外班。

受伤的人往往会失去理智。一个怒气冲冲的人开车，就算导航说"您已偏离方向，请掉头"，他也会置之不理，甚至会闯红灯、超速，最终导致交通事故。对于受伤害的人，不仅要帮他找一个明智的解决方法，更应该认同、体谅他们的情绪，这就是理由。

尤其是青春期的孩子，只有先改变他们的情绪，才能改变他们的行为。想要跟青春期的孩子聊得来，首先要感受某个处境下孩子的情绪，了解他们的想法，读懂他们的心情。

"爸爸听了你的话非常气愤，你没有做错任何事却被朋友和学长欺负，是不是很委屈、很愤怒？你希望爸爸怎么帮助你呢？"

"我也不知道，我真的很难过，可是不知道该怎么做。就因为这样，我才更加生气。"

"嗯，如果换作我也会这样的。每每看到那家伙，就会想起我受的屈辱，想要数十倍还回去。"

"我真想杀了那家伙。"

"这种愤怒是正常的，不过你真杀了他，事情就严重了，你知道吧？"

"我知道。"

"愤怒和报复的情绪都是正常的，你没必要自责。不论换了谁都会有这种情绪。以后你气不过的时候一定要告诉爸爸，不要忍着，我一定会帮助你的。"

如果不先安抚受伤的情绪，不管为受害者想出多么贤明的解决办法，都无法从根本上解决问题。所以，当孩子受到伤害时，父母首先要做的是安抚他们的情绪，让孩子的情绪得以释放，接下来才是解决方法。

对话实践③

如何向孩子表达同理心？

对于孩子来说，同理心比 100 种解决方案更有作用。

💬 "换了谁，都会跟你一样。"

💬 "可能我经历了跟你一样的事儿，我才更能感受到你的难过。不管
　　是谁，经历了这种事情都会跟你一样的心情。"

💬 "没想到你自己承受了这么多，受苦了。"

💬 "对，你没有错。"

💬 "你这么想是对的，你并没有做错什么。"

💬 "你应该难过。"

💬 "我理解你。"

💬 "我懂你的感受。"

💬 "我也不想受到这样的伤害。"

💬 "就像妈妈偶尔也不想洗碗一样，你是不是偶尔也不想做作业？"

"我是对的，孩子都是错的"

妈妈在整理静贤的房间时，无意中瞟了一眼摊在桌子上的笔记本，顿时僵在了那里。

"那个哥哥长得太帅了，今天他冲我眨眼睛了……我太开心了，太喜欢这个辅导班了。"

妈妈又翻了一页，火更大了。

"真正的王子，哈哈，真讨厌回家。"

"他们的妈妈去旅行了，真好。我妈妈一年到头都待在家里，跟家里的家具一样，长在家里。"

后面的内容妈妈完全读不懂，掺杂着各种符号和鬼脸。妈妈索性把插在书架上的笔记本都拿下来翻了一遍，里面充斥着各种讨厌和不满的情绪。

"整天就知道说快去学校，真讨厌长在家里的妈妈。"

妈妈气愤无比，下决心一定要好好教训一下静贤。静贤一回家，妈妈就把笔记本扔给了她。

"这是什么？"

"你不知道吗？你的笔记本。"

"妈妈，你为什么动我的笔记本？"

"我为什么动？你是不是有不想让妈妈知道的秘密？"

"这是我在数学辅导班记的笔记。妈妈，你为什么乱动？"

"你有没有话对我说？平时很能装呀。"

"你是不是看我的笔记了？"

"现在才想起来呀？我们花钱送你去上辅导班，你都做了什么？不好好学习竟想着男同学。还有，妈妈是长在家里的家具吗？"

"妈妈，不是的。"

"什么不是。你平时怎么说的，说其他同学的妈妈去工作，他们都像没人管的孩子，说妈妈在家你很安心。原来都是假话。你知道世界上最坏的人是什么样的吗？就是人前阿谀奉承背后插一刀的人。"

"我什么时候向妈妈插刀了？妈妈，你说得太过分了。"

"我过分？你背后说妈妈的坏话，妈妈看到能不生气吗？"

"那都是开玩笑的。"

静贤觉得非常委屈，妈妈偷看自己的笔记本还冲自己发火。为了这些自己都忘了什么时候写的文字冲自己大发雷霆，静贤觉得无法理解，她更加讨厌逮着一件事就没完没了的妈妈。

事实上，像静贤一样，青春期的孩子喜欢在笔记本上写写自己的情绪。对于父母来说，这些文字完全像外星语。我们都知道初接触外语的人最感兴趣的部分是会话。许多人每天都照着会话书背诵，不过实力并没有明显增长，这是因为方法错了。就会话而言，听比说更重要。只有先听懂对方的话，哪怕只会说"Yes""No""Thank you""Please""Sorry"等最简单的词语或句子，也会得到对方的称赞。

与青春期的孩子对话也是如此，首先要倾听，这样才能进行符合情境的对话。如果父母预先计划"我今天要指出他那些不足"的话，根本无法集中精力听孩子说话，只是在想自己哪个时机讲更合适，容易错过孩子说的重要内容。

带着批判的眼光很难与孩子进行对话

"我是对的，他是错的"，许多父母都是带着这样的想法与孩子进行对话的。父母主导对话，孩子恭顺地听着，诚恳地接受父母的批判。许多父母都认为这样的对话是成功的。事实上，孩子一离开座位就会冷笑，"我跟他们真的说不通"。

"每次的话都一模一样。我今天真是学聪明了，什么都听着，10分钟就结束了。如果我多反驳一句，他们的教导就又会没完没了了。"

不倾听对方，只顾自说自话，这不是对话，不过是指示或命令。所谓"命令"，只要传达给对方即可，不需要在意他们的回应。这跟与青春期的孩子对话是不同的。

与青春期的孩子对话，前提条件是"倾听"，而非"批判"。即便有想说的话，也不要随意打断孩子的话语，只有这样，才能空出大脑用心去倾听，倾听之后，自然而然会有想对孩子说的话。

"说重点，也是，你也得有想法才行呀。"

"乱七八糟，这也算话吗？"

"现在有点儿像样的想法了没？"

在与孩子对话之前先这样打击孩子，不论对话的时间有多长，都将是一次失败的对话。这是因为，父母带着批判的眼光去跟孩子对话，对话必然会变得艰难。

对于青春期的孩子来说，他们需要的是父母的接纳，需要父母接纳所听到的、看到的他们这个阶段的样子。如果父母怀有一颗接纳的心，孩子会乐意分享自己的经历。如果父母能够毫无偏见、毫无恶意地倾听孩子的话，那么父母慢慢会成为一个优秀的教育者、咨询师、心理学家和精神科医生。

对话实践④

如果想读懂孩子的内心，该怎么对话？

父母与孩子对话的主要目的是了解孩子，比如"我的孩子最近在想什么？""孩子思想有什么变化？""他最近有惧怕、想要逃避的事情吗？""孩子早上磨磨叽叽讨厌去学校的理由是什么？""他一个人时都在关注什么？"等等。为了了解孩子，请仔细倾听孩子的话之后，再尝试用下面的问题来引导对话。

💬 "换作是你，你会怎么做呢？你处在那样的情况下会有什么想法？还有别的解决办法吗？"

💬 "这样继续下去，应该会发生点儿事情吧？你预想的结果是什么？"

期待，失望，更大的怒气

六年级的小学生民星经常迟到。民星的妈妈每天早上叫他起床上学就跟打仗一样，民星一出家门，妈妈就累瘫在沙发上。可没过多久，民星的微信又到了。

"妈妈，请把我书桌上的东西拿给我。对不起，今天早上太匆忙，我忘记带了。请午饭之前一定帮我送到学校。"

已经筋疲力尽的民星妈妈又被民星叫去学校送东西。刚开始时，妈妈觉得民星是怕挨训才让她赶紧送东西去学校。后来，妈妈发现民星的健忘症越来越厉害，一天好几次拜托她去学校送东西。妈妈意识到民星的依赖性太强了，"没事儿，忘带了叫妈妈送就好了"，就是这种依赖心理，才让民星对自己的东西完全不上心。

民星妈妈下定决心让民星改掉这个毛病，不能养育一个没有责任心的孩子。妈妈周末抽出时间跟民星好好谈了谈。

"你每天早起15分钟就不会跟妈妈都这样忙乱了。妈妈已经受够了，从明天早上开始，不管你迟到还是缺席，妈妈都决定不叫醒你了。还有，妈妈再也不会去学校帮你送东西了。以后你每天晚上临睡前把第二天需要的东西收拾好装进书包里。"

"真的不叫醒我了？那我怎么起床？妈妈，为什么要这么做？"

　　　　　　　　　　　　　　青春期对话法

"不但不叫醒你，也不会帮你送东西。你也知道后果吧，你自己看着办吧。"

"以后真的不管我了？"

"对，早上起床和整理书包都是你自己的事，我相信你能做好。"

母子俩最终约定第二天早上执行，民星还把每天需要准备的东西列出清单贴在了书桌上。

"早这么做就好了，看他信心满满，我应该相信他能做好。"民星妈妈后悔没早点儿下定决心。

对于跟孩子的约定，父母应该怎么做？

第二天早上民星会跟妈妈设想的一样吗？自己起床、收拾书包，然后高高兴兴地去上学吗？

这不过是妈妈的幻想，现实是混乱的。民星对一刻不停的闹钟置之不理，好不容易爬起来却什么都来不及收拾，拔腿就往学校跑，到学校时，第一节课已经开始了。

妈妈非常生气："昨天答应得那么好，第一天就弄得乱七八糟的。你昨天跟妈妈的约定都是假话吧？"

面对妈妈的质问，民星非常委屈。虽然自己没有做好，但当妈妈质问昨天的约定都是假话时，民星突然产生了逆反心理。

"妈妈的话也是假的，你明明不相信我却说相信我能做好，你觉得我是一个什么都做不好的孩子，我以后就那样去做。"

遇到问题时，父母觉得只要苦口婆心地劝说孩子，孩子就会明白。

他们更期待立马就有成效，孩子向他们展示悔过自新的样子。可结果往往会让他们失望，这样一来，他们就认为孩子在说谎，会更加生气。

事实上，孩子与父母的约定都是真心实意的。习惯问题并非一朝一夕就能改变的，好不容易下定决心要改变却被父母质疑，瞬间就会激发孩子的反抗精神。

从约定改变坏习惯、坏行为开始，父母至少要给孩子三周的缓冲时间，在这段时间内，允许孩子再次犯错。

"改变习惯不太容易吧？已经迈出第一步了就坚持下去，不要放弃。你只要下定决心，就一定能改变。失败了也没关系，再重新开始就是。这本来就不是容易的事，咱们明天再重新来。"

反之，如果孩子一犯错父母就挖苦："我一想就会这样，你当初下决心的时候我就想到了，你肯定坚持不了。"

"好吧，我不改了，反正你们也不相信我。"对于父母来说，从孩子那里听到这种话是最不幸的。

孩子的小变化也需要鼓励

就青春期的孩子而言，他们很容易被父母和权威者的话语感动，然后暗下决心，"我也能做好""我也要成为那样的人"。不过，从决心到行动还有一大段路程，能帮助他们走过这段路程的人正是父母。

就算孩子下定决心改变，刚开始也不会有太大成效。这时候，父母千万不能对孩子失望，怀疑孩子的决心。当孩子再次犯错时，不应该愤怒质问，相反，务必肯定孩子的决心，鼓励他们。

语言学家说，一个孩子在听了两万次"妈妈"之后才能学着说出来。孩子学说话时，妈妈每天都不厌其烦地重复"妈妈"这个词，哪怕孩子只是发出类似的声音，她都会兴奋不已。

对待青春期的孩子也一样。想要改变青春期孩子的习惯，父母需要每天不厌其烦地鼓励引导。如果父母忍不住冲孩子发火责难，孩子就会封闭内心，拒绝与父母对话。

"我们相信你，你一定能做好"，孩子就是在父母不懈的鼓励和等待中慢慢改变的。

对话实践⑤

如果孩子下定决心要做某事时，该怎么对话？

如果孩子下定决心改变，父母需要说些积极的话提醒他们，特别是激发其成功意念的话。举个例子，对于减肥的孩子来说，"礼服""六块腹肌"这些字眼比"卡路里"更有效果。

比如，在孩子减肥动摇时，可以说："为了一个冰激凌和几块比萨，难道你要放弃减肥后去旅行的计划吗？"

怀疑孩子，完全不相信孩子的话

就不信任孩子的父母而言，即便孩子取得小小的成功或者做了好事，他们也会觉得不真实。他们不仅不会称赞孩子，往往还会用嘲讽或者怀疑的语气去回应孩子，给孩子的内心带来莫大的伤害。

炫智的妈妈就是这样的家长。炫智妈妈打开房门正好看到炫智拿着手机从客厅的沙发上站起来。

"你又在玩手机？你看看谁家孩子整天捧着手机玩？手机能出来钱，还是能出来成绩？妈妈不在的时候你是不是整天都在玩手机？"

炫智本来想恭恭敬敬地跟妈妈说话，可妈妈妄下结论的质问一下点燃了炫智的怒火：

"妈妈，你什么时候看到我总在玩手机了？什么都不清楚。"

"我哪里不清楚了，你现在不就拿着手机吗？难不成你一边拿着手机一边学习？"

"随您怎么想吧，反正妈妈总认为自己是对的，想怎么做就怎么做。"

"你说什么？我想怎么做就怎么做？想怎么做就怎么做的人是你吧。"

事实上，炫智怕学习分心而把手机放在客厅里，自己在卧室学习。在妈妈进门之前手机一直响，炫智担心是妈妈的电话就跑出来接，凑巧妈妈就开门进来了。

听了妈妈的数落，炫智一点儿都不想解释刚才发生了什么，因为妈妈的不信任已经伤害了她。

当炫智妈妈开门后，正确的做法是，就算有各种疑问都需要先忍耐，先听一下孩子的解释。

"是有着急的电话吗？"

"是的，刚才我在房间里，手机一直响，我担心是妈妈打来的就跑出来接电话了。"

只有给孩子解释的机会，才能了解真相，父母的不信任完全切断了亲子对话之路。

不信任都是通过话语表现出来的

如果不信任孩子，当孩子失误时，父母会认为这是理所当然的，伤害孩子自尊心的话就会脱口而出。

"你做事一直都这样，妈妈从来没抱过希望。"

"你不行。妈妈说过你不行吧？"

反之，信任孩子的家长总是给予孩子鼓励。

"做得很好，努力做就会有收获。"

"妈妈坚信你一定能行，像你这样善良努力的孩子都做不好，谁还能做好？"

当孩子出现失误时，父母也会时时鼓励安慰。

"很累吧？没事儿，不用担心，下次好好做。"

"等过些年之后你就会发现什么时候努力都不晚，从现在开始努力吧。"

　　身为父母，总是对孩子的未来感到不安、焦虑。看到孩子成绩下降或者有出格的行为，就会莫名地不安，说一些带刺的话。这些，都源于对孩子的不信任。

　　如果父母的每一句话都掺杂着焦虑不安，那么，在这些责难、质问的话面前，孩子与家长的关系会越来越疏远。

　　父母是否信任孩子，通过父母对孩子说的话就可以观察出来。不信任孩子的父母，总会说些带刺、否定、怀疑的话语，直接导致孩子拒绝与父母交谈，对父母避而远之。试问，世界上有谁愿意天天听着挖苦的话生活呢？

对话实践⑥

如果孩子下决心从现在开始好好努力时，该怎么对话？

💬 "唉，你这种承诺又不是一两次了，看看这次你能坚持多久。"（×）
　　"把之前的错误都忘掉吧，就像你说的，重要的是从今天开始做好，你一定能做到，妈妈相信你。"（√）

如果孩子说已经尽力了，该怎么对话？

💬 "真的尽全力了吗？为什么还是这种结果呢？"（×）
💬 "妈妈知道。妈妈已经看到你尽力了，是不是结果跟你期望的不一样？没关系，你的努力不会白费，总有一天会有成果的。"（√）

如果孩子说"这事不怨我"，该怎么对话？

💬 "这么说还冤枉你了？你为什么总把错误推给别人？真是胆小鬼，敢做为什么不敢承认？"（×）

💬 "我相信这事不是你引起的，可是对于妈妈来说，你是最珍贵的，就算这事不怨你，我也想看看你有没有做错什么。"（√）

父母言行不一

不管父母费多大力气去教养孩子，如果父母在生活中言行不一，就一点儿用处都没有。这是因为父母自己都没做好，完全丧失了劝导孩子的优势。

平时父母教育孩子不能说假话，可有些想避开的电话打来时，父母会让孩子替自己接，还教孩子编假话。

"我妈妈不在家，不知道去哪儿了，她没带手机。"

孩子没有一句废话，说完就挂断电话。妈妈也因为避开这次通话而心情大好。不过，父母似乎忽略了什么——他们已经教会了孩子撒谎。

父母经常告诉孩子要帮助不幸的人。可事实呢？

"妈妈，请再给我点儿零用钱吧。"

"今天早上不刚给了你 5000 韩元（约 30 元人民币），这么快就用完了？"

"今天早上从地铁出来时看到一个妈妈和孩子蜷缩在地铁的楼梯上求大家帮帮他们，我没有零钱，所以……"

"什么？那不是 500 韩元（约 3 元人民币），也不是 1000 韩元（约 6 元人民币），那是 5000 韩元！全给陌生人了？你有没有脑子？那些人都是骗子，听说他们白天带着孩子到处行骗，晚上跟朋友们开着豪车到处玩乐。"

"那个孩子太可怜了，妈妈不是总告诉我要帮助不幸的人嘛！"

"这个也得看情况呀，谁会像你一样把所有钱都给人家呢？"

孩子原以为做了好事，却被妈妈狠狠批评了一顿。孩子肯定会想：从现在开始，我再也不相信妈妈的话，按照妈妈说的去做了。而且，那些乞讨的人原来都是骗子。

作为父母，或许想教孩子认清现实，可父母无心的话却让孩子接收到了两个错误的信息。

反之，如果妈妈说了下面这段话：

"原来这样啊，你做了一件好事，能够把全部零用钱都捐出去特别不容易吧？有帮助别人的想法不容易，付出行动就更不简单了。你今天做了一件非常有勇气的事情，妈妈必须奖励你零用钱，做得很好。"

虽然孩子捐出了全部的零用钱，可他看到其他人都无视地走过去还是很困惑。他自己也会嘀咕："我真的做对了吗？""我把所有钱都给他们会不会太傻了？"不过，得到妈妈的肯定和称赞之后，孩子会觉得很自豪，以后遇到真正需要帮助的人，他还是会义无反顾地去帮忙。

孩子是看着父母的样子长大的

现在的生活非常忙碌，无论是父母，还是孩子，都很难抽出大块的时间面对面地讨论"什么是正直"或者其他话题，就算对这些话题进行过激烈的讨论，真正融到生活中也需要更多的时间。这个时候，父母的行为比话语更能影响孩子。

父母非常正直，不做损害别人利益的事情，孩子自然能学会为人正直。如果父母因为拿了不法收入而非常高兴，孩子看到这一幕就会想"虽然违法，不过自己得到了好处，撒点儿谎也没什么"，于是孩子就学会了撒谎欺骗。父母的行为对孩子造成的影响超乎想象。

孩子是看着父母的样子长大的。

对话实践⑦

当孩子顶撞说为什么只要求自己时，该怎么对话？

孩子被父母批评觉得委屈时，最先想到的是父母言行不一的地方。

💬 "上次妈妈不也那样做了，为什么总是盯着我？"听到这样的话，父母会非常头疼，不过，父母不应该遮遮掩掩避而不答，应该堂堂正正地承认。

💬 "对的，妈妈有些时候也没有说到做到，你说得非常对，妈妈做错了。妈妈没能做到，但妈妈正在努力，希望你也努力。以后妈妈言行不一时，希望你能指出来，这对妈妈来说也是巨大的帮助。"

所有对话都逃脱不了"成绩"

人本能地喜欢讨论自己感兴趣的事情，看一下热恋的人就知道了，他们会从头到尾地说爱人的事情，已经说过几次的故事也不会觉得腻烦，一脸认真地反复说。

父母也一样吧？

从孩子入学那天开始，绝大多数父母最关心的还是孩子的成绩，每次跟孩子分享学校的事情都会以成绩结尾，偶尔也会跟孩子讨论一下他的朋友们，但说着说着就又绕到数学、英语等科目的成绩上。

孩子从学校回来，正兴致勃勃地讲他们班新来的转学生。

"妈妈，我们班新来的同学兴趣可真独特，他喜欢十字绣———个男生竟然喜欢十字绣！他还带到学校来，我们休息的时候他就在绣十字绣。妈妈，他是不是很奇怪？"

"就是呀，天天绣十字绣怎么考上大学？难道有的大学会优先录取会十字绣的学生？"

听了妈妈的话，孩子的话戛然而止。妈妈张口闭口全是学习、大学，孩子遇到新鲜的事情或者好奇的事情，就算自己上网去查，也不愿意去跟妈妈讨论。

那么，听了转学生的事情，妈妈应该怎么回答呢？

"是吗？这个孩子的兴趣真的不一样，男孩子绣十字绣可不是件容易的事情。这真是一个特别的孩子。他什么时候开始学十字绣的？他为什么要绣十字绣呢？你问过他吗？"

"没有，还没来得及问。"

"那明天问问他吧，他应该有自己的故事。其他孩子什么反应？"

"有看不起他的，也有嘲笑他的。"

"那你是怎么想的？你认为男孩子绣十字绣很奇怪？"

"我也不太清楚。妈妈，你怎么认为？你会赞成我学习十字绣吗？"

"你认为妈妈会反对，还是赞成呢？"

用这种问答形式，妈妈就能得到孩子对妈妈的看法。

"我认为妈妈肯定会赞成，人本来就是不一样的嘛。"

成绩话题是切断对话的源头

大部分父母极为关心孩子的成绩，但是，如果父母天天把学习、成绩挂在嘴上，孩子会觉得很沉重，拒绝与父母对话。孩子正在兴致勃勃地讲述一件事情，如果父母说出类似"这跟学习有什么关系，别说没用的，赶紧去学习"的话，孩子顿时会变得垂头丧气。以后再有什么话想说，孩子也会因为不被父母理解而闭嘴。久而久之，一切围绕成绩的话就切断了父母与孩子的对话之路，最终可能会出大问题。

这样说很容易引导父母陷入"孩子所有的问题都必须回答"的误区，我只是想告诉父母们，孩子说话时，你们一定要注意倾听，不要随意打断。孩子有时候会把自己想说的话作为问题来询问父母的意见，以此来判定父母跟自己是否能沟通、是否能相互理解，而父母的答案会在不知不觉中影响孩子的想法。

对话实践⑧

如果想跟孩子讨论学习问题，该怎么对话？

孩子放学之后就想跟妈妈讨论一些学习之外的事情，就像妈妈做了一天的饭之后，连饭的味道都不想闻的原因是一样的。

如果非要跟孩子讨论学习的事情，最好的时机是考试之前或者考试结果公布的第二天，这种日子被孩子认定为应该讨论学习的日子，父母可以问问孩子的心情、是否有需要帮助的地方。

与当前的成绩、指出孩子偏科等内容相比，一起讨论一下如何更有趣地学习更为重要。想让孩子对学习感兴趣，父母首先要给孩子灌输一种想法——学习是简单且有趣的。事实上，孩子只要消除对于学习和考试的恐惧，成绩就会有 30% 以上的提升。

不要总是触碰"禁区"

任何人都有不可触及的底线，比如老婆的娘家人、丈夫的父母和能力。为什么这些事情不能被议论呢？因为它们都与自尊心相关。

同样，青春期孩子也有不可触及的底线，比如外貌、体重。

对于肥胖的青春期孩子来说，这三种行为或话语是他们的"禁区"：第一，强求他们称体重；第二，拍合照时脸凑在一起；第三，进行以体重为主题的对话。

如果在肥胖孩子面前提及这三个话题，后果会非常严重，他们会有与对方绝交甚或更为极端的想法。

语言的攻击力更强大，伤害也更大

不过，很多父母不理会孩子的心思，经常把肥胖、减肥、体重、腰围、青春痘等字眼挂在嘴上。孩子听到这些字眼时会皱眉，捂上耳朵，他们会觉得父母不可理喻。

"真理解不了父母为什么天天把'减肥''运动'挂在嘴上，多伤我自尊呀。"

父母常常唠叨的这些话百害而无一利。孩子也有爱美之心，大部分肥胖的孩子都会搜索并牢记各种各样的减肥秘诀，只是他们一时还无法改变饮食习惯、运动习惯和生活态度罢了。

　　"你能不能不要只挑长胖的食物吃？"

　　"跟吃的有什么关系？妈妈说话太噎人了，妈妈为什么只说些让人想吐的话呢？"

　　"你这样吃了就睡，能不长肉嘛。"

　　"那我不管了，该长就长吧。"

　　"你一点儿都不担心吗？都这么胖了，为什么还是满不在乎？"

　　"你怎么知道我不在乎？妈妈是我肚子里的蛔虫吗？"

　　"身材不好，性格好也可以呀，就你这脾气以后怎么在社会上生存？"

　　"如果我性格不好，我能忍你这么久吗？"

　　父母跟孩子说诅咒般的话，孩子是不可能没有想法的。事实上，肥胖的孩子本身就有很大的精神压力，父母这样说会带给他们更大的伤害。有些孩子不回应是因为自尊心受到极大伤害，愤怒到极点，完全不想开口而已。

　　作为一家人，相互了解一下对方不可触及的底线应该会更好吧？全家人围坐一起，相互告知一下自己的底线，这样，对话时就不会因为触碰到"禁区"而引发矛盾。

对话实践⑨

如果想讨论孩子厌恶的话题，该怎么对话？

如果父母与孩子谈论的是孩子不想触及的话题，不管父母使用多么巧妙的语言和沟通技巧，孩子都会觉得是当头一棒，拒绝对话。这样一来，说话的人泄了气，听的人也会觉得内心受到了伤害。

现实生活中，父母会无意识地触碰孩子的"禁区"，这个时候不可直接进行语言或者行为攻击。举个例子，如果孩子有肥胖问题，可以悄无声息地改变全家人的饭菜或者饮食习惯，同时不要跟孩子抱怨"因为你，全家只能吃蔬菜或者粗粮"。孩子感受到全家饭菜的变化之后，父母再跟他讨论减肥话题就会简单得多。这是因为孩子对饮食习惯改变的结果充满期待，也就不像之前那么敏感了。

开启对话前，
先学会
与孩子共情

——

第三章

CHAPTER

青春期
对话法

ADOLESCENT
DIALOGUE

如果说跟父母对话是解决青春期问题的钥匙，

那父母会更加焦虑不安，

因为他们不知道该如何正确地与青春期的孩子进行对话。

其实对话并非困难的事情，首先从日常琐碎的话题出发，

试着询问一下孩子每天的生活，

比如"今天做什么了""吃了什么""心情怎么样"。

站在同一个立场上是对话的开始

民启刚从一个整个年级不足 20 人的小学校毕业，升上中学。上了中学的他因为身材比同龄孩子高大而被同学们戏称"古惑仔"。

"同学们总叫我'古惑仔'，我都说自己不是了，下课时他们还会跑到我身边让我练一手，我很不高兴。没人相信我的话。"

"同学们都叫你'古惑仔'，你心情肯定很差，这是正常的。"

"是的，难道我看上去像古惑仔？"

"为什么同学们会这么认为呢？难道是你高大的缘故？"

"休息的时候他们都跑来捏我的胳膊，还递给我塑料瓶让我掰，我一下就掰弯了。他们就在那欢呼'太厉害了，好强'，让人特别无语。我心情非常不好，我不是'古惑仔'。"

"是的，你不是'古惑仔'。"

"我不知道该怎么做，他们都不相信我。难道我要装着自己是'古惑仔'吗？"

"你希望被当作'古惑仔'吗？想做老大吗？"

"不想，我觉得没什么意思。"

"因为你讨厌被当作'古惑仔'、老大，所以心情才会糟糕。"

"那我该怎么做？继续装作不在乎？"

"妈妈觉得不当回事是最好的办法。"

"好吧，就这样吧，他们爱怎么说怎么说，反正我又不是。"

民启妈妈并没有给民启找到一个特别的解决办法，但是民启的心事倾诉出来了。这是因为民启的妈妈认可了民启的情绪，让民启更加坚定了自己没有犯错，进而心安理得。不管什么问题，只要与孩子统一立场，就是最好的解决方法。

如果民启妈妈认为自己的想法和判断更为重要，那么他们的对话效果会完全不一样。

"同学们为什么会认为你是'古惑仔'？你是不是在学校里惹事了？"

"没有，只是同学们递给我一个塑料瓶让我掰一下，我一下子掰弯了，然后他们就热烈地欢呼。为什么妈妈总认为是我的错呢？"

"我什么时候错怪过你？要是你不做这么荒唐的行为，同学们能那么认为吗？"

"看看吧，妈妈总认为都是我的错。"

走进孩子心灵的方法

想与孩子开启一场心灵对话，父母需要心平气和地倾听孩子的话，把代表自己立场的话咽下去。

当然，只是立场相同不一定能解决所有问题。有时候孩子掏心掏肺地向妈妈陈述自己的苦恼，希望得到妈妈的帮助或安慰。可当妈妈也束手无策时，她就会想："跟我说一点儿用都没有啊。"

还有更糟的情况，当孩子诉说完自己的麻烦或苦恼时，家长脱口而出："就是因为你的做法才造成了这个后果！"孩子瞬间就会认为父母背叛、抛弃了自己，不信任自己，不愿意继续对话了。

"我就知道会这样，妈妈从来都认为是我的错。"

孩子之所以说出这样的话，是因为孩子感觉受到了更大的伤害。站在孩子的立场上倾听孩子说话只是第一步，可以给孩子主动与父母对话的力量和勇气。接下来，要积极地激励孩子去解决问题，可以寻求专家的帮助，也可以一起商量解决方案，与孩子进行更经常、更深入的对话。

"可以帮帮爸爸／妈妈吗？"开启请求式对话模式

与青春期子女的对话不是南北会谈，首先，父母要放下心理的包袱，不要把它当作一个艰难的任务。近来很多父母都苦恼如何跟孩子对话，不知道该说什么，什么时候说，用何种方式说。

父母与孩子对话不需要伟大的主题，最简单有效的办法就是问一句："可以帮帮爸爸／妈妈吗？"请求孩子的帮助可以快速让孩子与父母进入对话状态，英语中也一样。"Would you help me？"比"May I help you？"更能有效地促进沟通。"需要我帮你吗？"已经很难让人拒绝，"你能稍微帮我一下吗？"这样的请求更加让人难以拒绝。

在面对家长的请求时，孩子一般不会有逆反或者攻击的态度，这是因为家长的请求让孩子觉得家长认可自己的能力，家长把自己放在一个对等的位置上。

所以，即使是很小的事情，也多请求一下孩子的帮助吧。也许孩子一开始会露出不屑的表情，但是在帮助家长的过程中能明显感觉到孩子的自信心在增强。

对话的素材越细微越好

现在是互联网世界，父母可以尝试以互联网的内容为素材与孩子对话。

"你最近喜欢的那个游戏到底哪里有趣呢？妈妈那天试着玩了一下，玩了一会儿就头疼不已，下线了。"

"帮我推荐一个轻松有趣的网站吧。"

"想放松 30 分钟，有没有好玩的游戏？"

"晚上想做好吃的意大利面，网上有可以指导的菜谱吗？"

"妈妈想去见朋友，你觉得哪种交通方式最快呢？"

"妈妈读高中时有一首特别喜欢的曲子，你能帮我搜搜吗？"

现在的孩子们在电脑、网络方面有着与生俱来的天赋，让父母都禁不住赞叹。所以，父母可以通过寻求孩子的帮助来开启对话，父母向孩子展示自己的短板，不仅突出了孩子的长处，还学到了很多便捷方法。

不知不觉中，孩子越来越喜欢与父母对话，分享他们的新鲜事，在他们的心目中，父母成了可以沟通的人并给予他们很高的评价分数。为了开启对话而寻求的小帮助最终成就了父母与孩子的良好对话。

向孩子讲述自己的青春岁月

想要将与孩子的对话进行下去，首先得有值得听的话题。只是单纯就孩子的某个问题进行对话，一问一答后这个话题就结束了。

当然也没有故意找话说的必要，东拼西凑的话题也引不起孩子的兴趣。这个时候父母可以对孩子讲讲自己的故事，"今天因为某事我很难过""如果能有某事就有趣了""我在你这么大时曾有某些想法"，等等。琐碎的小事也行，个人的想法也行，这些都能引起孩子的兴趣。现在我常常给孩子们讲我的故事。

"'适合穿牛仔裤的女人……吃再多肚子也不会突出的女人……'你们听过吗？"

"这是牛仔裤广告？"

"不是广告，是妈妈在你们这么大时的流行歌曲，歌曲名字叫作《愿望清单》。"

"吃再多肚子也不突出，正好也是我们的愿望呀。妈妈你也喜欢这首歌？"

"当然喜欢，那个时候特别想逃课去看这个歌手的演唱会，可直到毕业也没去成。"

"这么说，妈妈也会瞒着姥姥姥爷买杂志和歌手海报贴在墙上喽，真是难以想象。"

"妈妈像你们这么大时'粉丝'这词刚刚兴起，那时的'粉丝'跟现在一样狂热，他们疯狂到从外地赶到首尔，在歌手的家门口蹲一夜。"

"妈妈也做过吗？"

"妈妈很想去但没去成，姥姥连漫画都不让妈妈看，天天只催促妈妈学习。"

"那么有趣的漫画都不能看，妈妈那时真可怜。"

"也算不上可怜，只是不能随心所欲做自己想做的事情。"

"妈妈想做什么？"

"想去歌手的演唱会，想去游乐场，想跟朋友坐火车去旅行……有好多想做的事情。"

"看来妈妈那个时候也有很多不满。"

"那时的不满，是因为想做的事情都不被允许。现在想想不做也没什么，不知道那时为什么有那么多想法。你是不是也有好多想做但妈妈不允许的事情？"

"是的，每次跟妈妈说的时候都特别忐忑。"

"是吗？哈哈哈。"

讲述自己曾经的故事

作为冷傲性格孩子的家长，最头疼的事情就是不知如何与孩子沟通，孩子话不多，也不屑于回答。其实，最为简单有效的方式就是讲述自己曾经的故事。

父母在讲述曾经的事情时，可以穿插着感叹一下现在的生活："我们那个时候特别穷，日子很苦，不像你们现在过得这么舒服，什么都不缺。从来没吃过苦的你们完全感受不到现在的生活是多么幸福。"这些话多多少少能给孩子一些暗示，让孩子去想象他们不曾经历的生活状态，更加地理解、体谅父母。

对话就是一个告知、接受的过程，不管是经历丰富的父母，还是经历贫乏的父母，都可以通过追忆过去来有效地跟孩子对话。

说说你一想起来就内心温暖的记忆

"我是谁？我是什么样的人？"孩子时常对这个问题感到疑惑，而答案或提示大都是从父母那里获得的。所以说父母的话语左右着孩子的人生。

父母除了通过讲述自己的故事来引起孩子的兴趣之外，还有另外一种话题更能激发孩子的有效对话，那就是讲述孩子小时候的故事。孩子很难从外人口里听到这些故事，这也有助于孩子完善自我。

"妈妈以为你长大后的理想一定是诗人或艺术家呢。"

"妈妈你为什么这么想？"

"你 5 岁之前所说的每句话，妈妈都记着呢。"

"我都说什么了？"

"你 3 岁的时候，有天晚上我们哄你睡觉时，你看到窗户外的树木在摇动，你就问爸爸：'爸爸，大树为什么还不睡觉？'"

"好傻呀。"

"不傻，多可爱呀。当时爸爸告诉你只要你睡了，树木也会跟着睡的。你还记得说了什么吗？"

"……"

"好好想想。"

"完全不记得了，再说，我现在都知道树木不睡觉了。"

孩子有点儿不悦，话语中开始透出凉意。这个时候，妈妈还需要厚着脸皮继续下去，不要改变话题。

"你看着摇动的树木问：'爸爸，风几岁了？'那时候经常有人问你几岁了，你就认为所有东西都有年龄。"

"真幼稚，不过想法倒是很奇特。"

"对吧，那就是你，你从小想法就很独特。4岁的秋天，你还记得跟幼儿园老师说过什么吗？你说：'老师，立秋了就是秋天了。'老师没想到小朋友能说出这样的话，就把这件事告诉了妈妈。"

"我还会说这样的话？这怎么可能呢？我现在都不说这样文绉绉的话了。"

"应该是那天妈妈送你去坐校车时说了句'立秋了就是秋天了'，你记下了。所以那个时候我觉得你想法很独特。"

"那个时候想法很独特？妈妈认为我现在没想法了？"

"不是，妈妈现在也觉得你想法独特。妈妈知道你有很好的天赋，也期待有一天你会通过图画、文字或者其他方式表现出来。"

父母可以跟孩子说，他小时候的趣事都是父母最温暖、美好的记忆。孩子听到这些故事，也会找到内心的平静，他们会意识到自己得到了很多爱，自己还有没展示出来的能力，还有无限的可能性。

需要避开的话题

如果孩子讨厌听儿时的故事，那肯定是因为父母讲了太多让他觉得羞愧的事。那些让孩子觉得羞愧的事，父母千万不要重复说。

"你小学三年级时还尿床呢。"

"你只要看到小猫咪就会吓得哇哇大哭。"

"小时候你在门前拉屁屁，妈妈为了跨过去，都磕着腿了。"

"你上幼儿园的时候不会数数，经常会漏掉某个数字，说完'5'就说'7'，而其他小朋友都会背九九乘法表了。"

如果不想在10秒之内跟青春期的孩子结为冤家，就不要用这种方式向孩子讲述他们儿时的事。孩子会憎恶只记住这些糗事的父母，会认为大人是在嘲笑他们像傻瓜一样的小时候。倘若现在数学不好，他们会归结于小时候，会认为自己不是学数学的料。如果父母想通过讲述孩子的儿时故事来与孩子实现有效沟通，维持良好关系，那么话题的选择就至关重要。

把孩子的儿时趣事当作对话素材还有另外一个好处，那就是父母重新回味孩子可爱的时光，让自己焦虑的情绪平静下来，这也算是一种精神疗法。

讲重点，不要东拉西扯

在与青春期孩子对话的过程中，许多父母都有一个共同的困惑，那就是说着说着情绪就激动了，原先想好的话一句都没说，最后完全失控，电光火石间家庭战争就爆发了。

我某天去智仁家里玩时就目睹了这一幕。

"如果小狗拉了屁屁，你要及时帮它收拾。咱们之前不是约定过吗？你闻闻，家里都是大便的味道，如果这样的话，我就把它送走了。"

孩子坚持要养的小狗又闯祸了。为了不让妈妈继续唠叨下去，孩子急忙回话：

"我收拾了，只是小狗太不听话……"

"什么？不听话？买回小狗的时候你可是发誓要好好照顾的，你是不是没做到？我现在说的就是这个事实。"

"我已经很努力了。我做好的时候妈妈从来不说，一出点儿问题妈妈就说个没完。"

"妈妈什么时候只说你的不是了？"

"妈妈从来都是这样呀，总挑着我做不好的地方说。就是因为妈妈这样，我才特别懒，什么都不想做。"

"原来你知道自己特别懒呀。"

"妈妈真是太过分了，我做得有那么差吗？"

"我过分？你这样跟我吵架不过分吗？我是你朋友吗？还是你的仆人？我养你就是为了让你跟我吵架吗？"

"如果妈妈是我的仆人，我早就把你炒掉了。"

孩子还做出一个"炒掉"的手势。

"来呀，把我炒掉，看你怎么生活。"

"我跟妈妈真的无法沟通，妈妈一点儿幽默都不懂。还毕业于名牌大学呢，连玩笑都开不起。"

"就你这成绩连学校的门都进不去。"

"是，我考不上名牌大学，不对，是我根本不稀罕去，因为我不想像妈妈那样生活。"

最终为了避免更多争吵，妈妈去了厨房，孩子把手里的炸鸡宣传单扔进垃圾桶，气呼呼地回了自己的房间。

其实妈妈要求孩子做的事情非常简单，就是告诉孩子要定时清理小狗的大便，可两人之间犹如爆发了第三次世界大战，互相伤害。

明明是小事，为什么会弄得两败俱伤？到底哪里出错了？

不给予伤害的对话法

不只是上文所提到的妈妈，大多数父母在与青春期孩子对话时总会用一些刻薄的词语来攻击孩子，例如"唉""拉倒吧""我都快磨破嘴皮了"。

与青春期孩子对话的首要注意事项就是不要脱离对话的核心内容。

如果上文的妈妈只是简单重复"去把小狗的便便清理掉"，那他们的"战争"就不会从小狗的便便转移到名牌大学上。不管对方是谁，如果一直脱离对话主题，就会在不知不觉中攻击对方的弱点，甚至嘲讽对方，最终掀起战争。

如果想跟孩子围绕核心内容愉快地交谈，首先要尊重孩子，把孩子当作独立的人格体。孩子不是你随意挥刀的对象，家长有必要做到把孩子从自身分离出来，因为他们是具有思想和自尊的个体。

青春期对话法

用肯定的话培养孩子的自尊

跟孩子说些肯定的话，就是在孩子做出选择之后，父母要认可并坚信孩子的选择。这种认可肯定不是根据结果来判定的，而是发现孩子独自做决定的可能性并鼓励他们。被家长肯定、信赖的孩子容易健康成长，平和接受父母的逆耳忠言。

想要做到肯定孩子，首先要努力站在孩子的视角上去看待、理解事情。同时，不要用父母的世界观、价值观去判定孩子，而是要用孩子的价值观去看待选择。

考试在即，孩子不学习反而拿着手机玩游戏，或者坐在书桌旁大脑却早已游离。某个瞬间，孩子下定决心要好好学习，可拿起书本却又退缩了。

"要学的内容那么多，我从哪里开始学起呢？一点儿头绪都没有。"就算在父母面前，孩子也总是自言自语："我到底该怎么做呢？"

父母看到这样的孩子会非常郁闷，恨不得揍他一顿。

"在考试之前，谁能舒舒服服地想做什么就做什么呢？既然那么爱玩，趁早放弃算了。"

孩子希望听到的不是父母这种真实的判断，而是鼓励的话语："还有机会，现在开始还不晚。"

虽然心里清楚当前的状况，但孩子还是希望听到父母"肯定的话"。

"既然觉得惭愧，那从现在开始到考试结束好好努力一把吧，虽说学习的时间很重要，但效率也同样重要。剩下的时间里，尝试集中精力好好学习吧。"

听了这样的话，孩子的负罪感就会消失，也能获取重新努力学习的动力。

当然，父母肯定的鼓励要适当，如果不分情况时时对孩子说"做得好，你做得对"，容易让孩子陷入混沌状态，难分对错。同样，父母肯定的鼓励也不只是为了让孩子安心，"忐忑好几天了，如今得到爸妈的肯定，我可以继续去做了"。父母之所以要对孩子说肯定的话，是因为父母否定的评价极易让孩子为自己贴上否定的标签，从而丧失自信心，封闭自己。

肯定的话语有助于形成健康的自我认可

喜爱穿衣打扮的敏儿学习成绩非常不好，英语和数学完全是垫底的水准。如果这个时候妈妈这样对敏儿说："我们敏儿以后是要进入时尚圈的人，只要继续研究，一定会有自己专属的时尚世界。"那么，敏儿就会认为未来进入时尚圈与英语、数学毫不相干，继续无视这些成绩。可事实上，要想对时尚有更深的了解，就必须努力学习英语，只有这样，才能获取这个领域的更多知识，成为真正的时尚达人。

俗话说"兴趣是最好的老师"，兴趣可以激发孩子的学习热情，从而引导孩子走上精英之路。不知道父母们期望的是不是这样？不过，父母倒是会因为成绩而扼杀了孩子的兴趣。

"拿你花心思打扮的时间去学习，你的成绩能烂成这样？天天做些没用的事情，怎么能考上名牌大学？"

这句话否定了孩子的所有，让孩子觉得自己只有"乱七八糟的成绩"和"臭美的习惯"。

孩子觉得父母不认可自己，是不是就会故意做一些让父母心情不爽的事情呢？虽然最终受伤害的是孩子，但就青春期的孩子而言，与自己受的伤害相比，他们更讨厌让父母称心如意。

日常生活中经常被父母肯定的孩子，就会有一个健康的自我认可，即使被外人尖酸刻薄地批判，他们也不会受到很大的伤害。这是因为他们对自己有正确的认识，"我就是一个这样的人"，牢牢的根基会让他们在面对诱惑时不动摇。

Tip

对话也是一种游戏！
与孩子的对话也需要创意

许多父母一与孩子对话就会营造一种严肃的氛围。其实，对话可以像玩游戏一样轻松快乐，也可以像游戏那样分门别类。

举个例子，对于自己来说非常重要的事情或者事件，或者是与自己相关的必须告诉家人的内容，都可以称为"新闻"。新闻的内容可以是好的，也可以是坏的。就新闻事件而言，无法立刻看到知情者的反应，可以第二天再询问家人的意见。

如果当事人愿意的话，也可立刻听取家人的反馈。新闻的优点是及时性且只播放重要内容。

"我需要播报一条新闻。第二学期第一次考试的结果出来了，总分比第一学期少了 3 分。"

已经说了是"新闻"，其他人就不要再追究了，所有的讨论都可以放在第二天。

其他的事情也都可以一一归类，加个便签。

喜剧：朋友之间的趣事或者上学放学路上的见闻。

速报：需要立马让家人知晓的喜事或者坏事，家人需要立马给出反馈。

追踪 60 分：可以一周进行一次，综合 2 个及以上的问题，听取家人的意见，一起找出解决方案。

搞笑演唱会：可以约定一个时间，一家人围在一起说些有意思的事情。

让父母与青春期孩子对话变简单的 8 种对话技巧

1. 真心称赞与感谢。

💬 "爸爸 / 妈妈不在的时候，谢谢你照顾弟弟。你现在真的长大了。"

💬 "你的床铺太整齐了，爸爸 / 妈妈大吃一惊，还以为进错房间了呢。"

💬 "今天回来得真早，谢谢你遵守跟爸爸 / 妈妈的约定，虽然我知道你很想跟朋友们一起玩儿。"

2. 间接指出孩子的错误。

💬 "是不是心情不好不想说话呀？不过你那样漫不经心地跟亲戚们说话，爸爸 / 妈妈真是很惊慌。"（孩子在亲戚们面前做出过分的举动时）

💬 "小狗今天就躺在过道等着你，看来是想出去。它昨天也没能出去。"（孩子不想带小狗出去遛弯儿的时候）

💬 "我知道听到那样的责难会发火，毕竟忍耐是件不容易的事。"（孩子发火时）

3. 在批评孩子之前首先承认自己的过错。

💬 "爸爸 / 妈妈刚才在客人面前冲你发火不对，对不起，你受惊吓了吧？"

💬 "不好意思，爸爸 / 妈妈真的忘了你拜托的事情……"

💬 "不好意思把你吵醒了，爸爸 / 妈妈可以过会儿收拾的。"

💬 "没有弄清楚状况就训了你，爸爸 / 妈妈跟你道歉。"

4. 与命令相比，多采用一些拜托的语气。

💬 "能帮我把报纸拿过来吗？"

💬 "爸爸 / 妈妈觉得你冲的咖啡是最好喝的，可以再帮爸爸 / 妈妈冲一杯吗？"

💬 "爸爸 / 妈妈觉得在长辈们面前戴着耳机玩手机是不礼貌的行为，别人说话时是不是应该放下手机认真听呢？"

5. 照顾孩子的面子和自尊心。

💬 "你的运动神经很发达，这种爆发力绝对是天生的。"

💬 "看到你玩游戏的样子，爸爸 / 妈妈觉得你是可以集中全力做自己喜欢的事情的，爸爸 / 妈妈很安心。你能集中全力做些爸爸 / 妈妈希望你做的事情吗？"

💬 "微笑着回答长辈的问题，这点做得很好。"

6. 即便是琐碎的小事，也不要吝啬称赞。

💬 "多拿些创可贴是对的，你是想帮助有需要的人吧。"

💬 "在电梯上跟长辈们打招呼真是好习惯。"

💬 "爽快地接过他人递来的传单，做得不错，毕竟他们只有发完才能结束工作。"

7. 告诉孩子"一直相信他，并满怀期待"。

💬 "爸爸 / 妈妈相信你，你一定能做好的。当然，你现在做得也很好。"

💬 "看到那么努力的你，爸爸 / 妈妈真的非常感谢有你这样的孩子。"

💬 "即使失败了还要再尝试一遍，这样坚持的你一定会成功的。"

8. 鼓励孩子自信。

💬 "你肯定能做好。"

💬 "虽然现在很艰难，但相信你一定能战胜困难，不要担心。"

💬 "如果你放弃了，就没有人能完成这件事了。你肯定能做好。"

有效沟通的
九大要素

——

第四章

CHAPTER

青春期
对话法

ADOLESCENT
DIALOGUE

很多人都认为学习对话法是没有必要、没有意义的。

如果有想说的话，直接走到对方身边说就是了。

事实上，这么简单的原则在现实生活中却很难适用。

就对话而言，也需要考虑TPO，即时间（Time）、地点（Place）、

时机（Occasion），恰当的地点，恰当的时间，恰当的语气，

恰当的反应……打开孩子的心扉需要几个要领。

时间　什么时候该说和不该说的话

与孩子的最佳对话时间是无法规定的，只要关心孩子的家长，都会知道孩子什么时候愿意听自己的话、什么时候想一个人待着、什么时候希望听到父母的安慰。

"对话时间多久为最佳？"

这个问题同样没有答案，可以一句话干净利落地结束，也有可能需要好几个小时，最重要的是双方都将精力集中在对话上。

恰当的对话不只局限于时间，还要根据双方的状况、事情的进展以及双方的关系等判断。即便是同一个人说出同一句话，根据听者的处境不同，有人欣然接受，有人会觉得受到伤害。所以，切合时机的话语必须要考虑对方的心情。

与孩子对话同样如此，只有父母考虑孩子的心情和处境，对话才能良好地进行。

考试临近时

不管规模多大，只要贴上"考试"的标签，孩子就会精神紧张。所以，考试临近时最好不要跟孩子讨论关于考试的事情。

"这次考试结果对你的人生至关重要。"

"如果考不好，你应该知道结果是什么。"

"就你这表现，怎么可能考好。"

对于要考试的孩子来说，这些话百害而无一益。

考试结果公布时

如果父母对考试结果不满意，孩子同样也不满意。这个时候，不光父母伤心，看上去泰然自若的孩子内心同样会波澜起伏，因为对于考试结果最敏感的人正是当事者——孩子，而非父母。

遇到考试成绩不理想时，父母的正确对话方式应如下：

"这次考试不理想，不用沮丧，结果无法改变，考完就别再后悔了，下次好好考就好了。"

新学期开始时

新学期开始，父母应该跟孩子一起对新的阶段充满希望。

"不管昨天多么不满意，都已经无法改变了，那么就从今天开始下定决心改变吧。千万不要带着消极情绪，'之前一塌糊涂，我还能变好吗'这种想法要完全摒弃，新学期要下定决心，'从今天开始我要以崭新的面貌生活''我要成为一个全新的人'。"

周日晚上

周日晚上是需要静心休息、迎接下一周的时间。这个时候，孩子特别期待父母的鼓励，如"早点休息吧，明天要更加努力。如果上周有什么事情做得不好，这周可以好好完善一下"。

周四晚上

这是一个把本周未完成的事情计划完结的时间。

"这周还有三天，不要着急，把剩下的事情一件件完成吧，全部完成后可以过一个轻松的周末。"

早上避开的话题

在早上这段宝贵的时间里，有些话是坚决要避免的，如指责昨晚的错误，让孩子一整天心慌、难过的话语，如"今天晚上看我怎么收拾你""这事儿咱们以后再算账"，等等。

睡前避开的话题

睡前不要跟孩子讲恐怖、暴力、孩子觉得讨厌的事情，不然孩子会做噩梦。

饭桌上避开的话题

饭桌上不要讨论与减肥、体重相关的话题，没有必要让孩子在吃饭时觉得有负罪感，也不要讲述好事、坏事或者让人大吃一惊的事。

地点　走出家门，变换一下对话氛围

我们来看一下妈妈与孩子在家聊天的情景吧。妈妈敲开孩子的门站在门口，孩子纹丝不动地坐在书桌旁或者躺在床上盯着手机。这个时候，孩子心里想的是妈妈赶紧说完话关上门出去。

在这种状态下，妈妈不论说什么，在孩子听来都是唠叨、废话。

人有五感，所以能记住气味、听到的声音、眼前的景象、与他人的对话内容。不过，人在记忆方面也有优先权，会首先记住不同于平时的对话场合。

开启崭新的对话氛围

很多父母在送孩子去学校或者辅导班的路上会不自觉地絮叨一些孩子的小问题，其实，这种对话方式是不明智的，因为开车时完全看不到孩子的表情，孩子的回答也只是敷衍了事而已。

去家附近的咖啡店是个不错的选择，一是孩子会觉得自己像大人一样被招待，二是在公共场合，大人也会注意一下自己的语气。

而且，在家之外的场合与孩子对话，父母很容易站在第三者的视角，客观地评价孩子。

公园的长椅也是一个不错的选择，带冰激凌或者一些简单的饮品，与孩子边吃边聊。长椅旁边的空间需要空旷些，千万不要选在吸烟区旁或者行人喜欢扎堆的地方，他们往往会打断你们的对话。推心置腹地聊天之后，可以跟孩子一起在公园里散散步，或者带孩子去一家喜欢的美食店。

每个月有一两次全家轻轻松松外出吃饭的计划会不会更好呢？可以把每个月最后一周的周六定为家庭休闲日，一家人不慌不忙地坐下来吃个早午餐，一起聊聊最近发生的趣事。孩子也会非常期待这样的日子。

我个人比较推崇的一个地方是图书馆，跟孩子一起花费 1-2 个小时去翻看一些喜欢的书籍，然后坐在图书馆外面的椅子上进行一场对话。

在图书馆里，可以找一些孩子喜欢的与学习、作业无关的课外书，或者找些与将要进行的话题相关的书籍一起阅读。不要只是单纯地看书，要多询问一下孩子的想法，你会发现孩子有很多你完全意想不到的想法，了解好多你认为他不懂的知识。

语气　不要带着情绪和判断

"为什么？"

"你说什么？"

"这不对。"

"所以呢？"

"不知道。"

"算了吧。"

单看这些话语并没有不好的意思，但加上语气之后就会让听的人非常不舒服。

决定对话水准的因素，一是对话内容，二就是对话语气。而对话时极大影响对方情绪的因素就是语气。"爱做不做""所以你到底想怎样"等对话方式都无法让对方敞开心扉，只会让对方烦躁，忍不住发火。

孩子会跟着做的话语 VS 孩子会拒绝的话语

看到孩子玩手机，父母会有以下几种语气。

"你只会玩手机吗？"

"你是其他事情都做完了吗？"

这是质问的语气。对于这种语气，孩子都是头也不抬敷衍了事。

"放下手机，赶紧去学习！"

这是命令的语气。对于父母命令的语气，孩子都不会立马执行，因为他们知道父母还有第二轮更强烈的命令怒吼，他们要等到那时为止。

"你自己也知道的，爸爸／妈妈多希望你能放下手机去学习。"

虽说是担心的语气，但孩子并不容易接受。比较温顺的孩子会跟着家长的话去做，但心情很压抑。而叛逆的孩子会觉得家长是故意这么说的，会非常反感。

"我还不知道你，什么时候会主动放下手机去学习呀。"

这是否定、嘲笑的语气，更能激起孩子的反抗意识，坚决与父母抗争到底。

"到点儿了，你是不是应该放下手机去学习了？"

孩子能够感受到父母的尊重与平等对待，父母没有责备或批判，只是提醒他应该去学习。听到这样的话，孩子会放下手机，悄悄站起来去学习。

"放下手机吧，现在该去学习了。"

这种语气比较缓和，但明确给出了指示，孩子反倒能没有不满地接受并去执行。当然，有些时候孩子也会撒娇央求再玩一会儿，这个时候可以用同样的语气重复之前的内容，让孩子看到父母坚定的意志，这时，孩子就会去执行。

父母偶尔还是要树立自己的威严的，使用命令式短句，"不可以，你需要这样做"等，不过，父母需要注意的是自己的语气，千万别让语气激怒孩子，那将得不到任何想要的结果。

责备　简短地说出需要改正的内容，禁用"每次""总是"

妈妈正在厨房刷碗，孩子有事情找妈妈，叫了几声后妈妈也没有应答，他便火急火燎地跑去厨房找妈妈，然而，一不小心把放在餐桌上的玻璃花瓶碰到地上了，玻璃碎片溅了一地，水也流了一地。

"吓我一跳，原来是玻璃瓶碎了，站在那别动！太危险了，我先收拾一下，受伤了没有？"

也有妈妈会这样说："什么事儿？那么着急？没看到餐桌上的玻璃花瓶吧？自来水声音太大妈妈没听到。在那儿站一会儿，妈妈先收拾一下。"

孩子并非故意要打碎玻璃花瓶，像这种失误，每个人都会犯，这时只要解决问题就好了。

孩子看到一边解决问题一边担心自己的妈妈，会禁不住愧疚，也学会了该如何正确处理失误。

不过，也有下面这样的情形发生。

"你弄的吧？眼睛长哪儿了？你知道这花瓶多贵吗？也是，东西一沾你的手就会坏掉。我都快忙死了，你却啥忙都帮不上，就知道给我惹麻烦。赶紧收拾了。"

"还不是因为我叫你你不答应，如果你答应了我就不会来这儿了。"

"这么说还是我的错了？是因为我不答应，你就把花瓶摔碎了？"

"你如果把这花瓶放在冰箱上面，怎么都不会碎。"

"好，全都是妈妈的错，你做对什么了？妈妈叫你时，你立马答应过吗？"

"我什么时候说都是妈妈的错了，别再说了。"

"一说到你的缺点就立马转移话题偷偷溜掉，真够狡猾的。"

"我没有！"

孩子提高了音量。

"谁让你这样冲妈妈大喊大叫？你做对什么了，一点儿礼貌都没有，看来今天得给你点儿颜色看看了。"

"我哪有大喊大叫，平时都是妈妈大喊大叫，我不论说什么，妈妈都不理睬。"

"你说什么？妈妈无视你？手机谁给你买的？名牌羽绒服又是谁买的？妈妈还用着老式手机，咱们家的钱都谁花了？"

"其他孩子都有啊，他们的都比我的好多了，还有些家境不如咱家的都比我用的手机好。"

"你看谁家好就去他家吧，直接喊人家妈妈就行，我多省心。"

这种对话没有解决任何问题，反倒激化了妈妈与孩子之间的矛盾。

坚决杜绝人身攻击

责备孩子时，只需指出孩子的错误行为即可，千万不要攻击孩子的人格。特别是类似"你为什么老做这样的事？""你为什么每天都这样？"的话语，就是一种人身攻击，就等于跟孩子宣布"你真的是一个没有希望、无药可救的孩子"。

孩子听到"每天""总是"这样的字眼，内心就会想："不论怎么努力，我都得不到爸爸／妈妈的认可。对于我做得好的地方，爸爸／妈妈也视而不见，天天挑我的刺。那我就不用在意了，自己想做什么就做什么吧。"

父母在责备孩子时，着重点不应停留在"教训"上，应该让孩子学会如何处理和解决已经乱七八糟的状况。责备的结果并不是让孩子看到自己的父母多可怕、自己是一个多么无用的人。

举个具体的例子来说明一下。孩子看到掉在餐桌上的食物会捡起来吃，这个时候可以简单地告诉孩子"掉在餐桌上的食物不要再捡起来吃"。而有些父母却非要添油加醋地说一堆："你是乞丐吗？掉了的食物怎么还捡起来吃，多脏呀。这要是带你出去吃饭，你也这么捡着吃，多丢人。"对于孩子来说，这就是一种人身攻击。

"掉了的食物不要捡起来吃"，孩子可以从这种方式的责备中学到方法，他们也不会认为捡着吃与人格有什么关系，只是知道以后不做这种行为就对了。第二种责备方式会让孩子认识到捡着吃这种行为是不对的，但"像乞丐""脏""丢人"等字眼残酷地攻击了孩子的人格。

一旦人格被攻击，孩子的反抗精神就会被激发："就我这样吗？你们不是也捡过掉在桌子上的饭粒吃？"所以，责备孩子时，明确指出错误就好了。

明知道孩子的行为不对却不批评责备也不是正确的教育，这与无视孩子没什么两样。因此，责备孩子时父母们要注意方式方法。孩子做了错事，父母放任不管，你认为孩子会觉得万幸吗？事实上不是的，孩子会因为父母的无视而绝望，他们会想："爸爸妈妈一点儿都不关心我，在他们看来，我就是一个一无是处、无可救药的孩子。"因为责备也是一种关心和爱护的表达。

提问　能促成长篇对话的问题

妈妈接到从学校回来的英熙时说："你看上去很累，要是没有特别着急的作业，先吃点儿东西休息一下吧。"

"没关系，稍微有点儿累，洗一把脸吃点儿东西就好了。我先做作业了。"

英熙径直走向自己的房间。

尚敏从学校回来，妈妈也是迎着她。

"你的脸怎么这个颜色？不知道的还以为我虐待你，不让你吃饭呢。"

尚敏没有回答。

"妈妈问你话呢，没听到吗？怎么天天一张苦瓜脸？"

"妈妈是盼着我有事吗？我很累。"

尚敏愁眉苦脸地走向自己房间。

"唉，现在都说不得了。"

尚敏妈妈也觉得很委屈，因为孩子无视她的问题，或者对她的问题敷衍了事。

其实两个妈妈的目的是一样的，看着从学校回来的孩子很疲惫，想弄清楚孩子发生了什么事情。可最终的结果却相差十万八千里，二者的差异在哪儿呢？

英熙的妈妈在看到英熙的状态之后，首先站在女儿的立场上去询问她需要的东西，并提出建议"如果功课不着急可以先休息一下"。相反，尚敏的妈妈看到尚敏的脸色，站在自己和外人的角度上去批评尚敏，尚敏觉得妈妈的焦虑和外人的看法比自己的身体更重要，这让尚敏失落、难过。

引导良好对话的正确提问

父母询问孩子，都是希望通过回答来了解孩子的状态，并非要挖掘"情报"。所以，千万不要制造恐慌的氛围，"妈妈都知道得一清二楚了，希望你不要说假话"，带着这样的情绪去询问孩子，孩子一定会死死关上心灵的大门。

接下来举一个具体的例子，如果孩子只陈述朋友或者老师等人的事情，没有描述自己的情绪或者行为，这个时候，父母就可以问"那个时候你说什么了""那时你在做什么""那时你的想法是什么样的"，通过简单的提问来掌握孩子的状况。

虽说是提问，也不一定非要采用疑问性句式，可以采用以下的说法，"是呢，心情会有点儿糟糕，对吧？"这种情绪的共鸣会引导孩子敞开心扉。

对于父母的问题，有些孩子会负担满满，总想回避。对于这类孩子，父母不要问沉重的问题，也不要强迫孩子回答。因为他们比较消极，有些人曾有过在学校回答不出问题而丢脸的经历，所以别人一提问题，他们就会胆怯、紧张。

那么，怎么才算是引导良好对话的正确提问呢?

能用简单的"对""不对"来回答的问题都不是好的问题，与简答型问题相比，能够引出一大串陈述性回答的问题才算是好问题。与"喜欢……吗?"或者"讨厌……吗?"相比，"你怎么想的?"算是正确的提问，可以引导孩子说出他的想法。

好问题的答案是开放的，可以多问孩子一些能够勾起美好回忆或者与他好朋友相关的问题，这样，回答问题本身也是一种享受。

父母偶尔也可以与孩子来一场深入的问答："那个时候爸爸／妈妈是这样想的，如果换作你，你会怎么做呢?"不过，这种深入的问答不要太频繁，尤其对于不爱思考或者过分追求完美的孩子，这类问答越少越好，因为这会严重左右孩子的情绪。

Tip

正确的提问

- 明确的问题
- 能够引导出陈述性答案的问题
- 能够了解孩子状况或想法的问题
- 能够掌握自己看不到的状况的问题
- 能够发掘出核心内容的问题
- 能够开阔孩子思路的问题

错误的提问

- 攻击孩子人格的问题

  例如：你连这个都不知道吗？你到底会什么呀？

- 攻击不在场的第三人的问题

  例如：你朋友某某看上去阴沉沉的，是不是脾气不好？

- 突出父母博学、孩子无知的问题

  例如：在全球化贸易中，你知道关键点是什么吗？

- 伤害孩子自尊心的问题

  例如：某某在比赛中拿了大奖，你怎么就考这么点儿分数？

- 怀疑孩子的问题

  例如：如果妈妈给你报辅导班，你能认真学习吗？

反问　　向孩子表达你倾听的意愿并认同他的想法

"我们班有个同学真是让我倒胃口，特别讨厌。不知道为什么，他总爱瞪我。"

"你是因为他瞪你才心情不好吗？"

"我也没有招惹他，但他每次看到我都瞪我，还说些难听的话。今天中午也是，我正排队取饭，他突然走到我前面没好气地说：'哎，给我拿个盘子。'"

"他的语气和眼神就这么让你讨厌？"

"可不是，我又没惹他，总是怒气冲冲地支使我，要不是顾忌在学校里，我真想跟他打一架。"

"原来那孩子总是无缘无故找你麻烦呀。你是想跟他打一架，然后告诉他你看他特别不顺眼吗？"

"对的。要不然我跟他打一架吧？"

"可以吗？在学校里打架？"

"我也不知道，反正心情糟透了。"

"也是，心情怎么能好呢？"

有些父母同样采用"反问"的语气来对话，可效果却大相径庭，一起来看看下面这位孩子的反应。

"我们班有个同学真是让我倒胃口，特别讨厌。不知道为什么，他总爱瞪我。"

"你是说他总爱瞪你让你倒胃口吗？"

"我也没有招惹他，但他每次看到我都瞪我，还说些难听的话。今天中午也是，我正排队取饭，他突然走到我前面没好气地说：'哎，给我拿个盘子。'"

"你是说你不招惹他，他也总支使你，让你给他拿盘子吗？"

"可不是，我又没惹他，总是怒气冲冲地支使我，要不是顾忌在学校里，我真想跟他打一架。"

"你是说心情不好想跟他打一架吗？"

"你是在跟我开玩笑吗？你有没有认真听我说话？我真不应该告诉你，跟你说就是我的错。"

妈妈没有诚意地重复孩子的话更加惹怒了孩子，对于孩子来说，复读机式的反问就是一种无视或嘲弄。因此，与孩子对话时，最重要的还是让孩子感受到父母在认真倾听。

概括孩子讲述事情的关键再反问孩子，一方面可以让孩子补充内容，另一方面也是向孩子确认自己的理解是否正确。而且，父母的倾听也会让孩子有继续讲述的欲望。

父母的认同可以平定孩子的内心

当孩子向父母表达他的愤怒情绪时，父母在向孩子确认之后再表达一下认同，"是呢，换作是我，我也会这样做"。

"太可怕了，吓得我都不会哭了。"

"是呢，换作妈妈会更加严重，所以，你很勇敢。"

如果妈妈这样说，孩子会觉得妈妈接纳了他的情绪，那么孩子就会安心，不会因为自己的害怕而羞愧。

同样的事情，我们再来感受一下下面的对话。

"太可怕了，吓得我都不会哭了。"

"你一个大男孩怎么会吓成这样？哭能解决什么问题，你应该喊人去帮你，怎么那么笨？"

孩子会因为父母不接纳自己的害怕情绪而感到委屈，同时也会为自己的行为感到羞愧。这样一来，孩子不但没有缓解害怕情绪，心情也变得更加糟糕。从此之后，孩子也不会再向父母表达自己的情绪。

在与父母的对话中，孩子会快速学会什么话该说、什么话不该说。一旦孩子关闭对话之门，父母想再次开启则真的非常困难，所花费的时间与努力也将无法估计。

称赞 时时变换称赞的内容

　　我经常会和我家的小狗"拿铁"说："拿铁呀，你能去厕所里便便，真的好棒，是个好小伙儿。"拿铁为了听这句称赞，经常会憋上一天，等我晚上回家才拉便便。拉便便之前会来到我身边摇摇尾巴，好似在说："我现在要去拉便便了，你准备好称赞我了吗？"这就是称赞的力量。

　　不过，并非所有的称赞都有效果，称赞也需要讲究方法。因为有些孩子经常会对家长的称赞表示怀疑："爸爸妈妈的称赞是真心的吗？为什么天天都说些重复的话？我都听腻了。"所以，想称赞孩子，也要依照情况采用不同的表达形式，换一句话说，称赞要有诚意。

　　想让称赞带给孩子力量，称赞的内容必须要具体，必须能够引起孩子的共鸣。不过，如果父母滥发称赞，那孩子就会习以为常，"爸爸妈妈总是这么说"，一旦孩子对父母的称赞有了免疫力，那父母的称赞就无法安慰或者激励孩子了。

　　称赞的内容需要经常变换，一直关注孩子的父母自然知道如何去称赞，最重要的是关心，而非技巧。

　　与"今天做得真好"相比，"我看你今天看书还做了笔记，做笔记这个习惯非常好"更有力量，能让孩子明白自己哪个行为值得称赞，这样孩子以后也会继续保持。

有效果的称赞方法

我们常说"责备要在一人时，称赞要当众人面"。不过，如果不是众人都需要听的称赞，还是当孩子一人的面称赞为好。

虽说当着大家的面称赞孩子效果会翻倍，但是跟其他兄弟姐妹在一起时，如果只称赞其中的一个孩子，那反作用更大，被称赞的孩子会感受到不必要的优越感，同时也会被其他兄弟姐妹孤立。有些父母只称赞家里学习好的孩子，那没有得到称赞的孩子就会觉得自己是学习不好、无用的孩子，这就是称赞的盲区。

举个例子，一个家里有两个孩子，如果称赞老大性格好，那么可以称赞老二乐于帮助大人。下一次可以再交换说法称赞他们。这样下去，孩子就不会相互比较"我哪里不如你""你哪里不如我"。对于父母来说，这是最简单易行的办法。

孩子听到父母详细具体的称赞，内心会更加强大，更加有自信，这种效果是我远远没有预料到的，因为孩子知道这么做会让父母很满足、很高兴。所以，父母都可以尝试一下。

称赞孩子也许用不了一分钟的时间，但是孩子会高兴一天，那种幸福感会持续一辈子。

称赞不一定非用话语，可以用一些肢体语言，抚摸孩子的头，握握孩子的手，给孩子一个拥抱或者一个鼓励的眼神，都能让孩子感到幸福、满足。

助兴　让孩子滔滔不绝的 12 句台词

在澳大利亚生活的近 15 年间，我几乎没有一个可以敞开心扉的朋友，至于原因，一是没有多余的时间去结识朋友，二是我认为作为移民社会的澳大利亚是闭塞的，所以说话要时时小心。

只有一个人能让我毫无负担、无所顾忌地交谈，那就是我的邻居。不论我说什么，他都不会用类似"不对，它应该是这样的"等话来反驳我，他总是耐心听我讲完每一句话，用"这样啊""所以呢？""天哪！""真棒！""没关系，一切都会好的"等来回应我。

与他聊天虽然不能改变现状，但我的心情会大好，总有种"我正在好好生活，一切都会顺利"的感觉。

用恰当的助兴话语去激励对方

好的谈话对象，就是不妨碍说话者、能够倾听到底的人，不过倾听并非单纯出个耳朵，而是要用心去听，给予积极的回应，为谈话助兴。

助兴的高手能够很好地调控气氛。在观看被誉为韩国"京剧"的盘索里时，随着剧情的发展，观众会禁不住发出一些感叹声，这就是助兴。

对话也一样，特别期望对方多讲一些内容时，听者会不自觉地发出声音来表达自己的渴望。这种声音都是积极的，有助于谈话的正常进行。

并非所有的回应都能起到助兴的作用，例如"我跟你想法不同""难道不应该是这样吗？""你错了吧？""这是假的吧？""难道……""是真的吗？"都是在对说话的人表示怀疑，潜台词"是吗？太夸张了吧？无法相信"。

那什么时候用助兴的话语呢？

这个没有时间限制，它是一种不自觉的回应，当你坚信对方的人格和表达的观点时，就会不由自主地说些话来助兴；而对于无法相信的人，只是单纯地回应而已，无助兴可言。

Tip

助兴之话语

- "原来是这样啊。"
- "所以呢？"
- "天哪。"
- "真厉害！"
- "做得好！"
- "就该这样。"
- "没关系。"
- "就因为是你才成功了呢。"
- "看上去非常困难，你却解决了，真厉害！"
- "你真的好棒！"
- "是你的风格。"
- "说不定会有这样的判断呢。"

　　　　　　　　　　　　青春期对话法

沉默　沉默的"妙用"

　　沉默可以被认为是赞同的间接表现，有些时候也具有拒绝、责难的意味。沉默是一种微妙的对话技巧，根据使用状况不同，效果会大相径庭。

　　"去上辅导班呀……不想去。"

　　"……"

　　"必须去吗？"

　　"……"

　　"好吧，我去。"

　　"快去吧，回来妈妈陪你玩。"

　　这里妈妈的沉默带有理解和赞同的意味。前面的例子，如果当孩子问"必须去吗？"的时候，妈妈没有保持沉默，而是回答"必须去"，那么一开始的沉默就会被孩子误认为妈妈无视他、不关心他，更加激发他的反抗情绪，所以父母一定要把握好这个度。当父母的沉默起作用之后，最好再加上一句鼓励的话语。

　　"我闺女做得真好，好好学习，妈妈在家等你。"

　　以这句话结尾，孩子就能够完全感受到父母的关心。

　　我们再来看一下下面的对话。

　　"去上辅导班呀……不想去。"

"别说这些没用的废话，别想偷懒，赶紧去。"

"妈妈整天不学习，还天天说我偷懒。好不容易休息一天，又得去辅导班，我太累了……去辅导班成绩也不一定好，真的不想去。"

"给你交了那么贵的辅导费，你还在这儿说风凉话！"

"妈妈每天都是钱钱钱！妈妈到底交了多少辅导费呀！"

这样唇枪舌剑的争吵还不如沉默来得好呢。

当然，需要陈述说明的时候还保持沉默，那传达的意思就是责难、拒绝，给予对方的信息就是"你的话没有一点儿价值"或者"你说得像话吗"。在这种情况下，如果妈妈说"妈妈觉得你的想法不对，你再好好想想"的话，就重新给了孩子一个讲述理由的机会。

对话中需要沉默的时候

当孩子非常固执、恪守己见、听不进其他人的意见时，父母可以用沉默来应对。

"你把手机放下，如果你一意孤行，就别怪妈妈说难听的话。"

与孩子对话过程中，需要保持沉默的瞬间，父母们通常都难以控制自己的情绪，常常表现为提高音量、表情狰狞。发火时所说的话，就算是好的意图，也会传达出不好的情绪，而听者往往只会接收不好的情绪，忽略了好的意图。

这个时候，沉默可以平定争吵，短暂的沉默可以舒缓激动的心情，让父母更加冷静地去和孩子交谈。同时，也给孩子留下了平定情绪、反思自己的语言或行为的余地。

沉默不代表一言不发，暂时的不说话是为了更加有效的对话，因此，沉默期间要努力平定自己的情绪，而非重新咀嚼孩子过分的行为或语言，从而让自己更加愤怒。

"他怎么敢这样跟我说话？谁给他这个胆子，让他如此顶撞父母？"

这样想的话，沉默将毫无意义。沉默是为了思考"孩子为什么这么愤怒""我们目前需要做什么来缓和紧张情绪"。

当然，沉默也是有时间限度的，5分钟以内刚刚好，平定情绪，然后更加冷静地交谈下去。而且，保持沉默时不要移动空间，待在原地为好，否则会让孩子误以为父母在无视自己。

Tip

需要避开的对话主题

- 说老师或学校的坏话
- 批评孩子的朋友
- 拿自己的孩子与朋友的孩子做比较
- 拿孩子跟他的兄弟姐妹比较
- 拿过去的错误来说事儿
- 把担心孩子未来的不安情绪传达给孩子
- 说家人的坏话
- 在众人面前指出孩子的不足和错误
- 谈论他人的八卦

周末一小时
对话法

青春期
对话法

ADOLESCENT
DIALOGUE

孩子就像拉坯机的湿泥，根据父母的手型和力度来成型。

周末一小时的对话时间就是构建孩子"思维框架"的时间，

也是调节父母和孩子冲突分歧的时间。

脱离开周而复始的日常生活，不拘泥于时间与空间，

跟孩子进行一场无拘无束的对话吧。

利用周末一小时来洞察孩子的想法

虽说与孩子天天在一个屋檐底下生活，但完全了解孩子的内心并不是一件容易的事情。就算全身心地关注孩子，也有可能不知道孩子具体的想法和需求。

如果父母与孩子的目标一致，就不会出太大问题。反之，父母越努力牵引孩子，两者之间的差距就越大。

父母如果不想自己的努力白费，平时就需要多关注一下孩子的想法和苦恼，不要把全部精力放在孩子背会几个数学公式或者英语单词上。与数学公式或英语单词相比，孩子的理想是什么，孩子是高兴、绝望还是害怕，更值得父母去费心，这便是需要周末一小时对话的重要原因。

经过定期的周末一小时对话，孩子会发生什么变化呢?

没有人会预先知道结论，仅通过周末一小时对话，肯定无法了解孩子所有的想法，想开启比俄罗斯克里姆林宫更神秘的孩子的内心，本身也不是件容易的事。

即便如此，这一小时也是了解孩子想法的宝贵时间，也是相互建立信任维持良好关系的时间，同时也是为了预防青春期问题而进行的类似预防接种的时间。

对于十几岁的孩子来说，一句激动人心的话可以改变他的人生，因此，十几岁的孩子就有无数种可能性，可以被鼓舞，也可以被蛊惑。与成功的成人相比，问题青少年更有无限可能。

周末一小时对话的原则

"我是为你好"，父母仅带着这份内心，并不能与孩子进行良好的对话，因为语言都有惯性，父母也需要进行有意识的训练。如果觉得周末一小时对话没有效果，就可以采用下面的方法。

第一，与孩子提前商定好对话时间。

随着季节、气氛的变化，对话的场所可以改变，但对话时间最好固定下来，可以是周五晚上，也可以是周六中午或晚上，可以跟孩子一边吃饭一边对话，久而久之，孩子就会形成惯性并自然接受。

在对话期间，务必关上手机，只有不被手机支配，才能全身心集中于对话。

第二，对话场所可以变化。

对话场所只要安静舒服即可，不要去太过喧闹、人来人往的地方。陪孩子看完他喜欢的演出或展览之后，附近的咖啡店便是最好的对话场所。

第一次跟孩子去咖啡店对话可能会稍微不自在，但令人放松的氛围可以让对话顺利进行。点一份孩子喜欢的西餐，来一场周末对话吧。

第三，从令人放松的话题开始。

可以先从令人放松的话题着手，比如父母的青少年时期、儿时的朋友或者年轻时狂热喜欢的东西。准备些孩子喜欢的饮料、零食，可以边吃边聊。

第四，提前制定一个对话主题。

当孩子习惯一小时对话之后，可以提前制定一个对话主题，这个主题应该是孩子感兴趣的或者是能够改变孩子想法的主题，而非满含父母要求的主题。父母也可以把这一小时当作将自己积累的生活经验和智慧传授给孩子的时间。

第五，不要只局限于当天的主题。

"我今天要教会他什么""我今天务必告诉他什么"，如果只关注自己想要说的话，往往会忽略孩子的话。制定对话主题不等于一句题外话都不能说，提前制定对话主题是为了让对话顺利进行，这是一把双刃剑。倘若孩子的话语偏离了主题，父母很可能会烦躁或者无情打断孩子，从而让关系更加僵化。记住一点，父母与孩子对话，是为了倾听孩子，了解孩子。

第六，一对一对话是原则。

周末一小时对话应该是妈妈与孩子或者爸爸与孩子之间的一对一对话，这将有着非凡意义，孩子会感受到父母对自己的全身心关注。

切记一点，两人之间的对话没必要与其他家人分享，否则孩子会感到背叛或者羞愧。当孩子习惯一对一对话之后，可以征求孩子意见，允许其他家人参与进来。

第七，不管孩子说什么，父母切忌一口拒绝。

如果孩子说出意想不到的话或者提出过分要求，父母不要妄下结论、一口回绝，告诉孩子需要点儿时间考虑。这是因为，孩子所说的每一句话都是基于对父母的信任。

第八，与孩子独处一小时本身就是有意义的事情。

与孩子进行周末一小时对话之后，如果孩子没有明显变化、与父母的关系也没有明显改善，许多父母就会禁不住怀疑："这一小时真的有意义吗？还不如让孩子学习或者送他去辅导班呢。"事实上，就算两人没有进行推心置腹的交谈，仅仅独处一小时就能带给孩子莫大的安慰和力量。就像庄稼地里的玉米，即便每天都观察它，也无法感知到它时时刻刻的成长，但突然有一天，你就会发现它长大了。孩子的成长也是如此，某一瞬间，父母就会发现他真的成熟了。

周末一小时对话的好处

- 对于孩子的错误，父母有了重新思量的时间。

- 父母与孩子之间的分歧，可以一周之后再解决，有了更多的思考时间。

- 孩子无法启齿的问题，可以利用周末一小时跟父母诉说。

- 孩子向父母提出的要求，可以通过让孩子等待一周来考量是否真的需要。

- 通过一小时对话，让孩子感受父母对他全身心的爱护。

- 可以调节父母与孩子之间的视觉差距。

- 通过对话场所的变化来转换心情。

- 可以更加冷静地制订下一周的计划。

外貌等同于竞争力吗？

外貌和偏见

我们所在的时代就是一个"看脸"的时代，整个社会都崇尚"外貌至上"，通过整形获取好的就业机会、有魅力的人容易升职加薪的新闻铺天盖地，正在撼动着孩子们单纯的内心。

"外貌等同于能力"，现在的孩子更加认同于这个观点，"头悬梁、锥刺股"的学习完全不及靠变漂亮得到的多。我们想告诉孩子"人最重要的不是外表"，可现实却很难说服孩子。

与性格、秉性等内在品质相比，人们第一眼看到的是外表。但父母还是需要经常告诉孩子要成为具有良好的性格、有一技之长的人。而且，每个人对于美的标准是不一样的，没有必要为了迎合别人的标准来改变自己。

我们需要让孩子明白，如果自己是因为性格、一技之长而被他人所接纳，那他对于别人来说就是珍贵的存在。

Ⓟ 有两个橘子摆在眼前，人们更喜欢表皮有光泽的。明明是剥开橘皮，只吃里面的橘肉，为什么人们会只看橘皮进行选择呢？你会怎么选

择？是随便选一个来吃，还是选择表皮好看的？

Ⓒ 我好像是会选择表皮好看的，就是因为好看才会想拿走。

Ⓟ 不管是橘子还是学习用品，只看样子挑选没有任何问题，只要你喜欢就好。可是人呢？只看外表就跟他做朋友或者因为外表而排挤他，会不会让人觉得不舒服、不公平呢？我们肉眼所看到的外表并不是人的全部，单纯通过外表来判定一个人，那就永远无法看到这个人真正的样子。

不追究学习成绩，大部分孩子都容易对长得漂亮的孩子产生好感。不过，不论长得多么好看，随意骂人或者做出过分的举动，我们也会感到憎恶。所以说，与外貌相比，人们的话语、行为、人格是决定好感的更为重要的因素。以此为话题，转变一下孩子对外貌、性格、人格的认知。

Ⓟ 班里来了一个新同学，长得非常漂亮，漂亮得耀眼。不过有很多同学都觉得她整容了，议论纷纷。你羡慕这位同学吗？

Ⓒ 就算她整容了，我也是羡慕呀。能够整容，不也是一种能力吗？我也想整一下鼻子……

Ⓟ 在爸妈眼里，你是最漂亮的，完全没有整容的必要呀。

Ⓒ 你们会觉得我最漂亮，其他人可不这么认为。

Ⓟ 那是当然了，每个人的想法和眼光都不一样。所以，爸爸妈妈希望你能集中精力改变一下需要改变的地方。整容一旦开始就收不住了，今天觉得这里不满意去整一下，明天会觉得其他部位也不满意。人最重要的是表情、谈吐、态度和想法，这些是整容手术都无法改变的。

Ⓒ 虽然如此，我还是想去整一下。

事实上，就外貌而言，大家很难忽略他人的眼光和标准，也很难做到"我自己觉得漂亮就行"的坦然。下面再聊一下关于外貌的偏见。

Ⓟ 你怎么看待肥胖的人？会觉得肥胖的人性格好、容易相处吗？还是会觉得他没有责任感？你会看低他吗？

Ⓒ 我会觉得比我胖的人容易相处一些，也不知道为什么会有这种想法，会认为他们不爱竞争，也会觉得他们肯定做得比我差……我的想法奇怪吗？

Ⓟ 你的想法不奇怪，就像你说的，正是因为你觉得他们不善于竞争才会让人觉得舒服一些。爸爸妈妈也一样，跟比自己过得好的朋友见面时，偶尔也会觉得心里不舒服。不过，人们对肥胖的人有偏见，这是事实。如果肥胖的人性格不好相处，人们就会禁不住说："都胖成这样了，脾气还这么差。"反之，如果一个肥胖的人性格好，人们就会说："虽然长得有点儿差，可性格好呀。"

Ⓒ 的确是这样，如果一个学习好的孩子脾气很差，孩子们也不会说什么。但是如果学习不好脾气又很差的话，孩子们就会说："学习不行，连脾气都……"

Ⓟ 如果对外表有偏见，很容易错过重要的东西。仅通过外表来判定一个人，真的是愚蠢的想法。

Ⓒ 话虽这么说，可如果我过胖的话，心里还是会禁不住难过、烦躁。如果脸上长满疙瘩，我也会心情不好。可见外貌还是能影响性格的。

Ⓟ 爸爸妈妈也会的。穿上漂亮的衣服，心情自然会变好，觉得自己变成了一个非常重要的人。如果穿得邋邋遢遢的，也就不太注意自己的言行举止了。你是不是也会通过外表来判定一个人？

ⓒ 是呢，我们班有个孩子看起来冷冰冰的，可一个月之后她给我们班所有的孩子都送了卡片，每张卡片上的称赞内容都不一样，我们真是大吃一惊。那么冷冰冰的外表之下竟然有着一颗温暖的心。

ⓟ 所以说嘛，看人不能只凭外表，要看他的内心。两个相同的玻璃瓶，如果一个里面放入冷水，那就是冷水瓶，另外一个放入热水就会变成热水瓶。决定事物本质的还是它的内在，而非外在。爸爸妈妈也希望你成为一个注重内在的人，不要太固执于外在的东西。

Tip

可以用来讨论的其他问题

Q1 有没有我们肉眼看不到，但对于我们来说非常珍贵的东西呢？

Q2 外表邋遢的人，肯定是没有思想的人吗？

Q3 功效相同的两件东西，你会选价格昂贵且漂亮的，还是虽然没那么漂亮但价格低廉的？这样选择的理由是什么？

Q4 外表带来的偏见是什么？偏见只是单纯的偏见吗？事实又是什么？

有多少钱才算幸福？

钱和幸福

"没钱没关系，只要高兴就好""穷点儿不怕，只要正直就行""幸福不是用钱来衡量的"，这类话已经无法劝说现在的孩子了。

"没有钱怎么去做自己想做的事情？没有钱本身就是错误。"

"没有钱怎么能高兴起来？心里会忐忑不安吧？"

"还是钱多好，至少不会因为钱而撒谎。"

父母可以坐下来跟孩子聊聊"钱和幸福"这个话题，问问孩子的想法，也把父母的想法和经历告诉孩子，最起码可以让孩子知晓更多关于"钱"的想法。

不过，父母不要把自己的观念强加在孩子身上，这个话题本来就是仁者见仁智者见智，每个人对于幸福的要求和标准都是不一样的。同样，孩子与父母的见地也是不同的，务必牢记"不同不等于错误"。

Ⓟ 我听说有个数据统计，所有中大奖的人，10 个人中有 8 个都会在短时间内将钱财挥霍一空，然后比 5 年之前还要穷困潦倒。曾经有个

26 岁的小伙子中了 14 亿韩元的大奖，因为赌博，4 年内他不仅花光所有钱，还欠了债，不得不走上偷盗之路。后来被抓入狱，他第一句话就是："如果当初没有中奖就好了。"他本可以过完平凡的一生。你怎么看待这件事？

Ⓒ 中大奖难道不是每个人都期望的吗？如果能中大奖，也是不错的逆转呀。也是，如果我一下子有那么多钱，我也不知道该怎么花。

Ⓟ 有个问卷调查的结果显示：如果一下给年轻人 10 亿韩元（约 579 万人民币），就等于把一半以上的人推进监狱。如果给你 10 亿韩元，你会做不好的事情吗？

Ⓒ 不会。不过，一下拿到这么多钱，胆子会变大。

Ⓟ 也是，爸爸妈妈也没见过那么多的钱。你觉得有多少钱会满足，你希望爸爸妈妈一个月给你多少零花钱呢？

Ⓒ 零花钱、辅导费，再加上手机费，一个月 30 万韩元？

Ⓟ 如果现在一个月给你 50 万韩元，你会希望再要更多的钱吗？还是一个月能拿到 50 万韩元就满足了？

Ⓒ 或许吧，我也不清楚。

Ⓟ 有个 4 岁的孩子跟他爸爸说想要一架直升机，爸爸问他："你觉得买直升机需要多少钱？"孩子想了一会儿认真地说："需要 8000 韩元。"这个孩子是不是很可爱？人们对于钱的想法都是随着经历的变化而变化的。你现在觉得多少钱算多呢？1 亿？10 亿？几千万？还是几百万？

Ⓒ 我觉得 100 万韩元就是很多钱了。

Ⓟ 爸爸妈妈也这么觉得。像"兆元"之类的钱，恐怕是只有国家和大企业才有的资产吧。咱们普通人对"兆"单位的钱反倒没有概念。

一般说"一个亿"，都已经觉得数额巨大了。对于幸福和钱，经历不同，感受不同，没有一个特定的标准。

只要能有一份稳定的收入，大部分人都不会产生过分的欲望，会平平淡淡地生活。那为什么要跟孩子讨论"幸福与钱"这个话题呢？这是因为孩子完全意识不到他们所享受的一切都是父母辛苦的劳动换来的。

Ⓟ 如果深爱的人生病了需要做手术，没有手术费只能死掉。那时该怎么做呢？真的是钱多才幸福吗？你怎么想的？

Ⓒ 如果没有钱就得失去心爱的人，那肯定会想："不论做什么，只要赚很多钱就行。"

Ⓟ 这个是危险的想法，或许会为了钱做坏事。如果通过非法的手段去获取钱财的话，那不仅会毁了自己，也会毁了他人的人生。这种想法真的很危险。

Ⓒ 这倒是。

Ⓟ 钱就像露水，本身没有好坏之分，只是根据用途不同而性质不同。同样的露水，牛喝了会变成牛奶，而蛇喝了会变成蛇毒。钱也如此，既可以变成害人的毒药，也可以变成救人的良药。所以，既有家财万贯却不幸福的人，也有穷困潦倒却幸福的人。

Ⓒ 不管怎样，我还是不想因为钱而失去家庭或爱情。所以，等我长大之后我要努力赚钱，尽可能赚更多的钱。

Ⓟ 爸爸妈妈不反对你赚钱，但是妈妈希望你不能因为赚钱而丢掉爱人或健康。没了钱，只是失去了人生的一部分，而失去了健康就等于失去了整个人生。

虽说为了钱做什么都可以的想法很危险，但是，没有钱也能过得很好的盲目乐观主义也很危险。钱肯定是通过辛苦的工作换来的，必须让孩子明确的一点是，必须通过正当手段去赚钱。

Ⓟ 人们为什么会觉得钱不够呢？

Ⓒ 肯定是钱不够花呀。看到想要的东西，但是没有钱，就会有这种想法呀。

Ⓟ 那么，同样的钱，为什么有人觉得足够，而有人觉得不够呢？

Ⓒ 肯定是每个人管理钱的能力不同呀。就像有的同学觉得学习时间充足，而有的就总是觉得学习时间不够一样。

Ⓟ 对呢。只为自己着想的人往往会觉得不够。"就这点儿，我自己都不够呢。"这样想的人，总是在抱怨"钱不够，太穷了"。还有些人总会这样想："虽然不多，但我还是想帮帮更需要的人。"他们也因此而收获幸福。换句话说，钱的使用方法直接影响着钱所带来的幸福指数。

Ⓒ 您说得很有道理。我自己吃辣炒年糕的时候，总是觉得量太少了。可是，跟朋友一起分享的时候，虽然吃的也不多，但总觉得有意思，很幸福。

Ⓟ 就是这样。与钱本身带来的幸福相比，把钱花在该花的地方才会觉得更加幸福。

可以用来讨论的其他问题

Q1 你什么时候会觉得如果我们家或者我有很多钱就好了？因为什么事情会有这种想法呢？

Q2 是不是也有钱买不到的东西、办不了的事情呢？能想出 9 种吗？如果用钱买行不通，你应该做什么？

Q3 有因为没钱而丢人或者被人误会的经历吗？是因为什么事情？

Q4 幸福可以用钱换来吗？人可以只靠钱活着吗？你站在哪一边？理由是什么？

大家都作弊，我也要作弊吗？

法律和原则

看到别人做了违规的事情而获取利益时，自己也很难抵挡诱惑吧？比如作弊，它直接影响着分数。对于学生来说，这是很难拒绝的一种诱惑，大家都会想："虽然行为不对，但人家都这么做，而且有好处，我为什么不做呢？"

这个时候，父母要告诉孩子战胜诱惑是多么勇敢的行为，收起贪欲又是多么有价值的事。

对于十几岁的孩子来说，能够遵守法律和原则有着重大的意义，不是单纯为了对得起个人的良心。不过，能不和同龄人保持一致真不是件容易的事，孩子从其他朋友那里得到的压力和胁迫已经完全超出了大人的想象。当孩子坚持正确的行为时，他会被其他孩子排挤、嘲弄，甚至遭受武力，他会害怕是很正常的。这个时候，父母有必要跟孩子聊聊该如何做才是正确的。

Ⓜ 告诉你一件妈妈学生时代最为自豪的事情吧。妈妈所就读的高中，上学三年期间，考试的时候从来没有监考老师。

ⓒ 也就是说考试的时候没有老师看着了？真是太酷了。不过也没有考试的必要了，反正试卷都是抄的。

Ⓜ 三年期间，没有老师监考，也没有一个学生作弊。

ⓒ 怎么可能？肯定是老师不知道罢了。

Ⓜ 真的没有学生作弊。虽然没有老师监考，但是，所有的学生既是考试的学生，又是监考老师。

ⓒ 话虽这么说，但老师不在呀。考试的时候真的很苦恼，是作弊呢，还是不作弊？

Ⓜ 如果大家都不作弊，自己理所当然会认为考试不能作弊。如果所有孩子都作弊，你也会作弊吗？

ⓒ 这个问题太难了。还不如大家都不作弊好呢。如果大家都作弊，我肯定也会作弊，不然只有我亏大了。

Ⓜ 虽说只有你吃亏了，你同时也获得了利益呀。

ⓒ 利益？什么利益？难道老师会给不作弊的学生直接打100分吗？

Ⓜ 你仔细想想会有什么利益。

ⓒ 如果只有我不作弊，那我分数就最低了，这就是所说的利益？不对，这好像不是"损失与利益"的问题，应该是"做与不做"的问题。我明白了，妈妈是想告诉我绝对不可以做坏事。这应该是"做与不做"的问题，在这里追究损失与利益本身就没有意义。

　　如果与朋友们的选择不同，哪怕孩子自己的行为是正确的，他也会不安、犹豫不决。这个时候，父母需要站出来认可孩子并称赞他。父母尤其要告诉孩子当他做选择时，衡量的基准不是损失与利益，而是对与错。

Ⓟ 如果你努力学习，考试没有作弊，而你的朋友不学习，通过作弊考的分数比你高，还得到了一个很好的机会，你会怎么看？你依然会因为自己的行为而感到自豪吗？

Ⓒ 这得看是什么样的机会了。不管怎样，我还是想诚实地参加考试。只是爸爸妈妈每次都因为分数教训我，我心情很不好。

Ⓟ 我们没想到我们的话会对你造成这么大的影响。如果爸爸妈妈称赞你考试不作弊的行为，你因为分数而沮丧的心情会变好吗？

Ⓒ 当然了。如果爸爸妈妈称赞我，我会想："原来爸爸妈妈也认同我的选择。"心情自然会大好。

Ⓟ 爸爸妈妈突然觉得冲你发火的行为很愚蠢。以后，爸爸妈妈会多加注意。

　　孩子在小事上能否遵守法律和原则，完全取决于父母平时对他的态度。"要遵守原则"，这句话说起来容易，做起来则不是一件容易的事。
　　就算孩子因为遵守原则而受到损失，父母也要称赞他。父母的态度直接影响着他的做事准则。

Ⓒ 问题是其他人都那么做。如果我非要坚持原则，那就是宣布跟其他人决裂了。我不想作弊，可所有人都那么做，我不知不觉也跟着做了。有些我讨厌的事情，因为害怕他们的攻击也跟着做了。

Ⓟ 你们这么大年龄的孩子，容易这样。像爸爸妈妈这样的大人就很少再发生这种情况，就算朋友跟我们做的选择不一样，我们也不会干涉，那毕竟是朋友的人生。这么想想，你们也很不容易，别人不想

做，那些朋友非追着人家一起做，这种行为不是很可笑吗？

Ⓒ 这是关乎自尊心的问题。如果只有我不做，他们不会放过我的。

Ⓟ 这的确是个大问题。不过，你难道不希望让你的朋友们都改变一下吗？或许他们看你不作弊也会跟着学呢，也许你会成为他们的榜样。

Ⓒ 虽说如此，但被孤立的时候心里还是不舒服。当然大多数孩子都是好的。

Ⓟ 当然，还是有朋友会理解你的。还是要根据自己的想法去做。

可以用来讨论的其他问题

Q1 有因为作弊而成绩上升的朋友吗？你是觉得他厉害呢，还是觉得他不对？

Q2 有没有做对了事却被老师、父母批评的经历？如果让你重新选择，你还会那样做吗？

Q3 如果发现朋友作弊，是会告诉老师，还是装作没看见？

Q4 有因为朋友强迫而做自己不愿意做的事情的经历吗？如果你做出了别的选择会怎么样？

青春期对话法

父母有义务满足孩子所需要的一切吗?

爱的义务和权利

对于父母的牺牲和付出,孩子都不放在眼里;而对于自己的努力,他们会过分放大,甚至觉得上学是为父母做的。孩子的这种思考方式让人觉得可恶。

父母应该与孩子聊聊父母的爱和义务,以及孩子的义务和权利。至少站在父母的立场上,不想听到"爸爸妈妈为我做什么都是理所当然的"这种话。

如果孩子认为父母所提供的一切都是理所当然的,那么父母的牺牲和爱就已经毁掉了孩子。父母需要审视一下自己的义务和权利是否对等,在尽照顾孩子的义务的同时,是否享有要求孩子的权利。

人际交往中,享有权利的同时必须要尽到义务,父母有必要跟孩子聊聊这个话题。

Ⓟ 今天讨论的这个话题有点儿沉重,不过我觉得你有必要好好考虑一下。对于父母具有养育孩子的义务,你觉得父母应该做到何种程度?
Ⓒ 我从来没想过这事儿……我现在所需要的一切,难道不应该爸妈提

供吗？

Ⓟ 一切都需要我们提供？你的意思是，不管你想不想要，只要我们想到的，都要无条件给你，对吗？还是只提供你需要的就可以？

Ⓒ 我想要的全部给我就行。爸爸妈妈是怎么想的？

Ⓟ 爸妈肯定是想尽最大能力把能给你的都给你，说是爱也好，说是父母的义务也好。即便如此，如果你有"这不是爸爸妈妈应该做的吗"之类的想法，爸爸妈妈也会心慌，我们会怀疑爱你的方法到底对不对呢。

Ⓒ 嗯……这种想法偶尔还是会有的，特别是跟朋友们攀比的时候。

Ⓟ 还记得去年假期送你去海外夏令营吗？一开始你闹别扭不想去，后来知道朋友也去，你才决定参加。暂且不说为了让你去参加夏令营爸妈花了多少钱，可你连一句感谢的话都没有，还反过来质问我们为什么要这样对你，你只想利用假期好好玩玩。你知道我们心里多难过吗？不过后来你从夏令营高高兴兴地打电话回来表示感谢，我们才放心了。

Ⓒ 我没想到爸爸妈妈会帮我报名参加，听说之后很焦虑，第一次出国觉得害怕，担心的事情特别多。不过真的很有趣，那些没能去的朋友们听说了可羡慕呢。

Ⓟ 作为父母的我们，也是有心寒的时候。爸爸妈妈尽心尽力地爱你，所以会因为你不当的话语或者态度而受伤，感觉你只懂得索取我们的爱却总是无视我们的感受。你觉得该如何回应家长的爱呢？

Ⓒ 说句"我爱你们"，好好学习、听话，也就这些吧？

Ⓟ 也是，孩子可以向家长表达爱的方法也就这几种。爸爸妈妈会认为你听话就是表达爱的一种方式。

当孩子认为父母的爱是理所当然的时候，他们就不会觉得自己应该有回报父母的义务，那么父母也就没有机会去教会孩子应该承担的义务。父母有必要跟孩子讨论一下孩子应该对父母承担的义务。

Ⓟ 你能做好自己的事情，爸爸妈妈觉得很高兴。不过偶尔爸爸妈妈还是希望你能帮我们一下。

Ⓒ 我从来没想过爸爸妈妈会需要我的帮助。

Ⓟ 当爸爸妈妈觉得很疲惫时，也希望你能问一句："爸爸妈妈，有需要我帮忙的事吗？"哪怕只是问一句，爸爸妈妈也会充满期待。

Ⓒ 从现在开始，我会这么做的。

Ⓟ 那爸爸妈妈就太感谢了。如果真心想表达感谢，自然会行动起来。其实，只要你一句话，爸爸妈妈就会觉得很幸福。

就没有经济实力的孩子而言，他们能帮助父母做的事并不多，很多时候，听父母的话或者向父母表达感谢应该就是全部了。即便如此，向父母表达感谢的习惯也非常重要，习惯一旦养成，等未来有了经济实力，他们自然会通过物质方式来感谢父母。更为重要的是，他们不会理所当然地把父母的爱当作父母的义务或者自己的权利。

Ⓟ 你计划过自己的未来吗？在你大学毕业之前爸妈会是你的经济后盾，不过，等你大学毕业之后，不管你能否找到工作，你都必须要独立了。你有什么想法吗？

Ⓒ 太遥远了吧？大学毕业后，当然要独立呀。到时就算不单独出去住，我也不会要爸爸妈妈的钱。

Ⓟ 看看现在的社会，父母既要给孩子买房子，还得帮着孩子带下一代。孩子们也都觉得理所当然……你不要有这种期待，我们得准备养老呢，我们不想老了成为你的负担。

Ⓒ 我知道，我也不想你们老了拖我后腿。

Tip

可以用来讨论的其他问题

Q1 父母要养育孩子到什么时候，需要做到何种程度？

Q2 如果父母的爱是义务，那孩子享用就是权利吗？

Q3 孩子照顾父母是义务吗？

Q4 父母的所作所为都是理所当然的，这有依据吗？

Q5 父母想给的与孩子想要的不一致时，应该听谁的？孩子的，还是父母的？

青春期对话法

如何纠正孩子的说话语气？

态度和语气

"知道了，都说知道了，别再说了，都听见了。为什么要不断重复呢？烦死了。"

"那又怎样？谁说的？"

"妈的！真倒霉！"

当父母指出青春期孩子的错误时，他们常常用这样的话语回击。

不过，当孩子说出这些无理的话语时，父母常常会选择回避，让事情就这么过去。孩子大喊大叫，"哐当"一声关上房门时，很少有父母会喝住孩子指出他们的错误，而是选择沉默。"他应该是碰上什么不高兴的事儿了吧？我忍忍吧。"然后这件事就翻篇了。这么置之不理真的没关系吗？

过分的言语、荒唐的行为都被认为是青春期孩子的特性，很多父母错误地认为"我忍一忍，就能被孩子认可了"，从而放弃了作为父母的责任。指出孩子过分的言语、荒唐的行为并监督其改正，才是家庭教育的核心，而不是装着看不到，放任不管。

Ⓜ 还记得小时候说过的最让妈妈高兴的话吗？

Ⓒ 不记得了，我还说过让妈妈高兴的话吗？

Ⓜ 我一叫你，你就会蹦蹦跳跳跑过来大声叫"妈妈"。吩咐你做一件事时，你也会爽快地说："妈妈，好的。"

Ⓒ 还有这种时候？我好像不是这样的呀。

Ⓜ 你曾经就是这样的呀，只是最近变了，会骂人了，语气也特别奇怪。有什么事情吗？

Ⓒ 没有特别的事情……反正在学校里，老师叫我们时，没有学生会回答"好的，老师"，甚至有些学生连"好"都不说。

Ⓜ 这样很好吗？同学之间都是这么说话吗？

Ⓒ 都是中学生了，再说幼儿园用语不是很奇怪吗？又不是小孩子了。

Ⓜ 这么看来，你觉得尊敬的话都是幼儿园小朋友说的了。早知这样，你一直上幼儿园多好。妈妈叫你时，你总回答："有事？""为什么？"妈妈心里觉得很奇怪。你明明懂得怎么回答长辈，为什么总说一些让人觉得没头脑的话呢？

Ⓒ 我从没有想过你会如此在乎我的语气，也不知道妈妈会为此而心情不好。

Ⓜ 你们同学之间的这些话和行为，在我们大人看来，真的是不好的习惯。不是做出过分的举动、说些骂人的话就能变得强大。真正强大的人都是外表温柔、内心强大的，不是有个成语叫作"外柔内刚"吗？

Ⓒ 妈妈是希望我成为这样的人？

Ⓜ 妈妈希望你平时多注意自己的行为和语言，希望你养成好习惯。

孩子经常对父母说的话，会不知不觉中在老师和其他大人面前使用。所以，平时要帮助孩子养成良好的用语习惯和态度。

有些孩子的行为确实让大人琢磨不透，他们不把老师和大人放在眼里，却对学长非常尊重。老师过来了，他们跷着二郎腿不给老师让座；学长来了，他们"呼"的一下站起来让学长坐。家长务必要告诉孩子，尊敬别人不是为了维护自己的面子。

Ⓜ 对于端正的着装和步伐，你有什么看法？有些时候你非要买些奇装异服，你穿着外出时，妈妈心情很复杂。你知道衣服会传递信息吗？

Ⓒ 衣服传递信息？我只不过是穿自己喜欢的衣服罢了。

Ⓜ 也就是说你从来没考虑过衣服给别人的印象了？你是不是想别的孩子也这么穿，所以没有关系。

Ⓒ 那我必须穿让妈妈满意的衣服？

Ⓜ 与"满意"这个词相比，妈妈对你的着装，更多的是担心。你可能觉得超短裙、热裤很时尚，可妈妈总担心别人会因为你的穿着而看低你。去一些重要的场合时，人们是不是穿得很端正？而且每种职业也有特定的职业服装，这是因为衣服就是社会符号。妈妈不是非让你穿让别人满意的衣服，而是穿衣服时多考虑一下它会传达出什么信息。

Ⓒ 难道妈妈不是因为我是你女儿才非要干涉我的穿着吗？为什么男人可以穿短裤？穿紧身衣有什么问题吗？

Ⓜ 男人也一样啊。如果男人穿得邋邋遢遢，会被别人认为是没有礼貌的人。与女人的衣服种类相比，男人的衣服更加单调，所以他们在穿着方面更加费心，得跟自己的职业相配。这不是无视个性，只是

在符合社会标准的基础上穿出自己的特色。

Ⓒ 穿衣服还这么多学问。那走路呢？为什么要费心思？

Ⓜ 妈妈希望你能挺直腰板堂堂正正地走，这样会更加有自信，在别人眼里，你会是一个有担当的孩子。

Ⓒ 走路大家都会，我以后注意点就是了。

Tip

可以用来讨论的其他问题

Q1 "想法最重要，行为有什么重要的？" 有这种思想的人有什么局限？

Q2 "言行举止不怎么样，内心肯定也不怎么样。" 可以用这句话来说服他人吗？

Q3 有两个十几岁的孩子，一个穿得板板正正，说话也有礼貌；另外一个穿得邋邋遢遢，说话没有分寸。大家会喜欢哪个孩子呢？或者你觉得哪个孩子会更危险呢？

Q4 你因为说错话而被误会过吗？误会是怎么解除的？

Q5 看着那些穿衣、说话像小孩的大人，你怎么想？

为什么要学习?

学习和前程

所有孩子都想好好学习,都想拿第一名。不过,这并不代表拿不了第一名就是没有拿第一名的欲望,只是学习的方法不对,或者某些不好的习惯妨碍了学习而已。

以此为前提,父母至少不要问孩子"你是不是没有学习的兴趣?"或者"你就如此讨厌学习?"等问题。

在与孩子讨论"学习和前程"这个话题时,首先要安慰对学业失去信心的孩子,多给孩子讲一些学习简单、有趣的例子,引导孩子对学习产生兴趣。喜欢也罢,讨厌也罢,孩子每天都得学习。如果婆婆跟儿媳妇说"你就这么讨厌家务活"或者"连这点儿家务活都干不好"之类的,即便婆婆好心好意告诉儿媳妇不到 1 小时便可以做好家务的秘诀,儿媳妇也不想接受。

孩子也一样,不可以只用分数来评价孩子,父母首先要肯定孩子每天坚持学习这件事情。

Ⓟ "为什么要学习？"爸爸妈妈知道这个问题很傻，就跟问"为什么要吃饭"一样。爸爸妈妈换种问法，你为什么不想学习呢？

Ⓒ 有时候没有理由，有时候是太累了，还有觉得没意思、没有用处，有些时候是学完就忘了。

Ⓟ 因为太累、没有用处，所以讨厌学习。大部分孩子都会这么想。我们是否可以反过来想想呢？如果学习不累、很简单有趣，而且学了就不会忘记，那还有继续学习的必要吗？

Ⓒ 这倒是，爸爸妈妈说得也有道理。

Ⓟ 你可以想想"讨厌学习"的理由。不过这世上重要的、有价值的事情没有几件是简单的吧？你可以先想想容易、有趣的事情有哪些。

Ⓒ 容易、有趣的事情有很多呀，游戏、玩、睡觉、吃东西、购物，都很有趣，不是吗？

Ⓟ 是。那这些事情跟学习有什么区别呢？

Ⓒ 学习很难，所以很讨厌。这些事情很简单，所以我很喜欢。

Ⓟ 你说得很对。爸爸妈妈觉得这些容易、有趣的事情做得多了容易中毒陷进去，而学习不会。刚开始学习的时候会觉得困难、没意思，但慢慢熟悉了之后就会觉得越来越容易，越来越有趣。所以爸爸妈妈觉得学习是件好事。

Ⓒ 认为学习是好事的人都不正常。

Ⓟ 努力之后会有回报，这种感觉难道不好吗？你是从什么时候开始觉得学习吃力的？

Ⓒ 从中学一年级上学期的期末考试开始的，所有的学习不都只为了考试吗？

Ⓟ 原来从那时候起你开始讨厌学习。学习是展示自我和探索新世界的

青春期对话法

工具，这样想会不会好些？

Ⓒ 我成绩就中等而已。

Ⓟ 实现梦想的方式多种多样，但爸爸妈妈觉得学习是最公平的一种手段，只要努力，就会有机会，这与外貌、性别、家境无关。你不想通过学习去获取想要的机会吗？

Ⓒ 我总觉得学习占用了我玩的机会，原来学习可以创造机会呀。

Ⓟ 当然。你努力学习就可以取得好成绩，努力完成自己的任务就可以展示自己是一个有担当的人，体育运动或者才艺也能展示你的个性。没有才艺也无所谓，学习也是展示自己的办法。爸爸妈妈的意思是说学习是值得努力的、有价值的事情。

Ⓒ 爸爸妈妈的话很有道理。我也试着把学习当作一件有趣的事吧。

孩子总觉得学习是件困难的事情，是因为他们没有感受到学习的好处。所以，父母需要告诉孩子，学习不是为了赢得父母的称赞，而是为了在人生中获取好的机会。所有有价值的东西都是通过不懈努力获取的。

Ⓟ 你说讨厌学习，但是一切有价值的东西都是靠努力获取的。世上没有不劳而获的东西。为什么要学习？学习就跟存款一样，当时拿出来没什么意义，但它可以救急。

Ⓒ 那我先试试再说吧。

Ⓟ 这是个不错的主意。努力了再说不行的人，与不尝试就说不行的人是完全不同的。你听说过《狐狸和酸葡萄》的寓言吗？看着那些够不到的葡萄，狐狸说："那些葡萄应该很酸。"是不是很胆小？还没试着去努力一下就说"学习没有用处，没有意思"，这跟胆小的

狐狸有区别吗？努力一下，就知道自己是喜欢还是讨厌了。

Tip

可以用来讨论的其他问题

Q1 为什么讨厌学习？是因为不想学而讨厌呢，还是因为讨厌而不想学？不想学而不学，不学从而更加讨厌学习，这是不是恶性循环呢？

Q2 学习好的孩子也有讨厌学习的时候，如何克服这种想法呢？

Q3 妈妈讨厌做家务，你讨厌去学校上学，我们交换一下怎么样？

Q4 学习归根结底是为了自己，为什么会认为学习是为了父母呢？你真实的想法是什么？

Q5 如果现在不学习，那 10 年之后会是什么样子呢？

长大之后想做什么？

梦想和未来

对于十几岁的孩子来说，不管梦想是什么，只要努力，就有实现的可能性。不过，大多数人在进入大学之前梦想都是模糊的，这是因为大家觉得梦想和职业在进入大学积蓄力量之后再做出选择就好了。就结果而言，梦想与学习成绩有关，而非是自己的特长、兴趣、爱好。

梦想成为医生、科学家、法官、老师、芭蕾舞演员、游戏玩家、解说员的孩子们，长大之后真正能从事梦想职业的寥寥无几。

对于孩子们来说，"职业"这个单词太过陌生，虽说职业的种类超过20000个，但他们能说得上来的不过100个，而父母希望他们从事的职业类型更是不会超过10个。父母有必要告诉孩子职业的多样性，更需要给他们机会去思考真正的梦想。

Ⓟ 你长大之后想做什么？你可以尽可能地去想，没有限制。那些成功的人，你有特别羡慕的吗？说出4个。

Ⓒ 联合国秘书长。

Ⓟ 嗯，你是在为了这个梦想而努力吗？

ⓒ 小学的时候总是毫不犹豫地说出这个梦想，可现在了解这个职位之后，觉得好难。

　　事实上，孩子所希望的生活比父母对他们所期待的要平凡、朴素得多。这个时候，父母千万不可指责孩子"你为什么就这点儿出息呢？就想这么普普通通过一辈子"。孩子之所以那样憧憬生活，是因为他们的想象力有局限性，他们对于未来的憧憬都在自己的认知范围之内。父母如果觉得孩子的想法过于平凡，可以推荐一些有着精彩人生的人物传记、电影或者纪录片给他们看。

　　反之，如果孩子的想法过于脱离现实，则需要推荐一些讲述平凡人的书籍或电影，让他们知道安于过平凡生活是多么重要和美好。

ⓟ 你认为选择职业的首要要素是什么？钱？发展机会？成就感？还是好几个要素？

ⓒ 所有因素都重要。不过我还不知道该选择哪种职业，我也不知道能不能从事自己喜欢的职业。

ⓟ 为什么这么没自信？因为成绩吗？还是觉得达不到目标很丢人？难道要为此放弃理想吗？

ⓒ 不能不考虑成绩呀，就我现在这成绩，还不知道能不能考上大学呢，哪敢做白日梦？

ⓟ 大家都惧怕失败。可是，不能因为害怕而不去追求梦想呀，如果连试都不试，必定一事无成啊。所有成功的人，都是不惧怕困难、提前做好准备的人。

在自己想做的事情和自己能做的事情之间，孩子会有挫败感，也会惧怕尝试。这个时候，父母要鼓励他们去挑战，不要过分注重结果。

Ⓟ 如果给你一个机会，让你用一周的时间去体验你梦想的工作，你会去吗？想去体验哪种工作呢？

Ⓒ 想去看看网络漫画家是如何工作的，想知道他们是如何想出那些点子，是如何创作的。还想去联合国看看那里的人都怎么工作，以后我也想去联合国工作。

孩子的梦想是去联合国工作，但现实中更对网络漫画家的工作感兴趣。父母可以认可他这两种梦想。

随着时间的流逝，孩子更加倾向于较为容易、有趣的工作，放弃了儿时的梦想。而能够激励孩子追逐更大梦想的人就是父母。

Ⓟ 现在正是为梦想而准备的大好时期，不要惧怕现实的困难，先好好准备一番。如果想去联合国工作，首先得有一个好的性格。除此之外，还得精通外语、具有洞察力、了解世界历史吧？平时可以多看新闻、报纸关注一下时事，如果能趁假期去纽约的联合国总部参观一下就好了，可以先去未来工作的地方看一看。

Ⓒ 哇哦，光想想都觉得很美好。

Ⓟ 爸爸妈妈一定会尽自己所能去帮助你，我们是你梦想的支持者。

可以用来讨论的其他问题

Q1 你能说出几种职业？最近有新的职业产生吗？

Q2 如果你想从事的工作跟妈妈期望你从事的工作不一样，你会怎么选择呢？

Q3 选择职业最重要的条件是什么？其中你最看重的一个条件又是什么？

Q4 你认为最理想的职业是什么？在这个领域最成功的人是谁？你最羡慕他什么？

Q5 你觉得目前需要做什么准备？有什么是妈妈能帮助你的？你自己又需要准备什么？

被孤立仅仅是自己的问题吗？

朋友关系

人们大都戴着有色眼镜去看待被孤立的孩子。站在父母的立场上，只要自己的孩子不被孤立，他们就认为不会有大问题。所以，人们对被孤立的孩子都是有偏见的。

带着这种偏见，孩子对于周围被孤立的孩子也不会伸出援手，觉得他们所受的痛苦都是理所当然的。那么，孩子被孤立的原因到底是什么？

进入小学之后，父母需要经常跟孩子讨论一下朋友问题，因为对于孩子来说，朋友对他们的影响非常大。父母可以定时了解一下孩子的朋友关系，就算自己的孩子没有被孤立，只要学校里存在这种情况，就应该引起注意。

Ⓟ 你们班有被孤立的孩子吗？

Ⓒ 现在的班级里没有，去年班里有一个，每个班差不多都有一个。

Ⓟ 现在班里没有真是太好了。去年有，今年为什么没有呢？每个班里都有一个？

Ⓒ 这学期刚开始的时候，班里有一个。不过被班主任发现并及时制止

了，老师也不允许这种情况再发生。

Ⓟ 原来是这样啊。你认为那个孩子被孤立的理由是什么呢？

Ⓒ 我也不太清楚。我们都知道他之前就被孤立，所以自然地就疏远了他。后来跟他熟悉之后觉得他没有任何问题。感觉被孤立的孩子都是因为同学们的疏远而自卑，才慢慢有点儿奇怪，厌恶学校、厌学、没有自信……并不是一开始就这样吧？

Ⓟ 你的话很对。人的自尊心根据被重视的程度不同而不同。特别是十来岁的孩子，更加注重他人对自己的看法，如果被同学们孤立疏远，自尊心肯定难以维护。你有没有想过帮助一下被孤立的孩子？

Ⓒ 没有想过。这个决定太难了，担心自己也被孤立疏远。

Ⓟ 你没有办法自己去帮助的话，有没有想过向老师或者他的家长请求帮助呢？

Ⓒ 那样做的话我也会被孤立的，还不如装作不知道呢。

Ⓟ 其实被孤立的孩子特别期望得到大家的帮助，希望有人站在他那一边来获取力量。以后，如果你无法帮忙，可以请老师或者爸爸妈妈去帮助他。

　　帮助被孤立的孩子并非像想得那么单纯，一不小心，自己也会变成被孤立的对象。事实上，对于被孤立的孩子来说，只要有一个朋友愿意站在他那一边，他的学校生活就不会那么辛苦、那么孤独。

　　跟孩子讨论这个话题的时候，顺便跟孩子讲一下真正的朋友意味着什么，帮助身处困难中的朋友又是多么有意义的事情。当然，父母不能强制孩子，要在尊重孩子意见的同时，循序渐进地改变他们的想法。

Ⓟ 朋友是什么？

Ⓒ 朋友就是跟我合拍、了解我、跟我玩到一起的人。

Ⓟ 爸爸妈妈觉得朋友就是能够分享秘密和喜乐哀愁的人，有了值得庆祝的事情，想第一个打电话给他，希望听到他的祝贺；有了难过的事情，希望得到他的安慰。

Ⓒ 我也觉得这是真正的朋友。

Ⓟ 你觉得交到真正的朋友难吗？朋友相处过程中有什么困难吗？

Ⓒ 有件事我不想做，但是朋友想做，我就很难拒绝，怕朋友会不高兴。

Ⓟ 的确不是件容易的事。即便如此，如果你真心不想做，哪怕是与朋友疏远，爸爸妈妈还是希望你能拒绝。因为最重要的是你自己的人生。

Ⓒ 我真的想拒绝，只是怕没人支持我。现在知道爸爸妈妈会支持我，以后遇到这种事情，我一定会拒绝。

Ⓟ 交朋友最重要的是什么？

Ⓒ 不背后说坏话？不背叛？

Ⓟ 你说得对。朋友之间最重要的是信任。朋友是望向同一个方向、可以一起分享内心想法的人。我希望你能跟好朋友一直一直走下去。

> **Tip**
>
> **可以用来讨论的其他问题**
>
> **Q1** 对于被孤立的同学，有没有想过用具体的办法来帮助他们？
>
> **Q2** 对被孤立的同学视而不见，会有什么不好的影响呢？
>
> **Q3** 该如何帮助没有朋友的同学？
>
> **Q4** 朋友叫你一起做坏事，你拒绝的话算背叛吗？
>
> **Q5** 为了朋友必须牺牲一样东西时，你愿意牺牲什么？

为什么要遵守公共秩序？

遵纪守法

社会上必须遵守的规则规矩，在学校里学习，孩子会更容易接受，毕竟学校就是一个学习的地方，但是，想让遵守规则成为习惯，父母的监督教导更为重要。

教会孩子遵守公共秩序和社会规则，不单纯是为了纠正孩子的问题行为，更重要的是作为社会生活的一分子，必须有为他人考虑的想法和态度，这也是遵守公共秩序和社会规则的基本。

遵纪守法，更进一步说也是为了保护自己的生命。作为监护人的父母，不可能 24 小时都跟孩子待在一起。在离开父母视线的时间内，孩子需要自己做出决定，而这个决定的依据就来源于父母平时的教导。

分辨应该做什么和不应该做什么的能力并不是随着年龄的增长而自然形成的，所以，遵守社会规则、养成好的生活习惯，都需要父母教导并以身作则。

Ⓟ 最近有些人会抢占地铁上的老弱病残孕专座，看着旁边站着的老人和孕妇也无动于衷，也不知道他们是什么心理。

Ⓒ 他们应该会想："这是我先抢到的座位，我没有义务让出来。"不过，一个人的时候肯定不会心安理得地坐着，但是跟朋友们一起的话就另当别论了。

Ⓟ 对呢，你们独自一个人的时候和三四个朋友聚在一起的时候，表现简直有天壤之别，尤其在公共场合更加明显。是因为跟朋友在一起更加强大而无视了老弱病残吗？

Ⓒ 有这种心理，出现了问题，会想还有其他人呢。

Ⓟ 你一个人的时候会做出不同的选择吗？你会跟地铁里打闹的朋友说"小点儿声"吗？会招呼你的朋友们一起站起来让座吗？爸爸妈妈希望你成为一个给朋友带来好的影响的人。爸爸妈妈的要求多吗？

Ⓒ 也不是……跟朋友们一起的时候，我不想太出头，也不知道他们会怎么想我。我大都是跟着他们行动。

Ⓟ 原来是这样啊。爸爸妈妈希望你拿出勇气，坚持做对的事情。

　　让孩子选择与朋友们行动不一致分明就是件困难的事情。不过，如果父母教导孩子可以选择堂堂正正的行为的话，孩子在遇到某种不对的行为时，会仔细思考一下。即便孩子此后的表现没有立竿见影，但父母已经向他们传授了正确的价值观。

Ⓟ 走在路上看到公交车站、公共电话亭的玻璃被打碎了。有些人可能是心情不好，也有些人会因为寻求刺激而破坏公共设施。对于这种泄愤的行为，你怎么看呢？公共设施可是用大家的钱来建造的。

Ⓒ 当时肯定想不到这是花自己的钱建造的，而且也没有人看见。我还听其他人说偷偷砸玻璃特别有意思呢。

Ⓟ 这种行为最终损害的是自己的利益。扔出去的石头最终砸到的还是自己。遵守公共规则也是同样的，最终受到伤害的还是自己。我希望你能记住这点。

在使用公共设施时，父母有必要顺遍普及一下责任和义务。因为是大家都使用的东西，孩子很容易忽视自己的责任和义务。

为了保障自己的权利，就必须好好履行义务。孩子也需要为自己的行为承担责任。十几岁的孩子在违反公共秩序或者破坏公共设施时，大人的反应直接影响着孩子的态度和决定。

Ⓟ 不知道为什么，好些大人看到孩子的错误行为都不批评。对于你们的错误行为，你们是希望大人指出呢，还是装作看不见？

Ⓒ 说实话，我的答案是一半一半。有时候希望你们指出来，有时候希望你们装作看不见。你们不说，难道不是因为你们觉得很烦吗？

Ⓟ 的确有时是因为不耐烦而不说，也会觉得是别人家的事儿而不管。不过大家都装作看不见，最终受到损害的还是我们。

Ⓒ 嗯嗯。不过爸爸妈妈也要小心，教导别人的时候也要注意自己不要受伤。

Tip

可以用来讨论的其他问题

Q1 当十几岁的孩子犯错时，一旁的大人置之不理，你会怎么想？你觉得大人是尊重孩子呢，还是无视孩子？

Q2 如果是不认识的大人来干涉你的行为，你会怎么做？

Q3 怎样做才算遵守公共秩序？

Q4 看到其他孩子在破坏公共设施，你会怎么做？你会告发他们，还是装作看不见？

Q5 对于现在的孩子公共意识淡薄这一点，你怎么看？你觉得大人需要做些什么？

针对各种
问题孩子的
对话法

——

第六章

CHAPTER

青春期
对话法

ADOLESCENT
DIALOGUE

虽然孩子是自己的，

但如何纠正孩子的行为、语气和习惯，父母也是手足无措。

特别是孩子进入青春期之后，

为了纠正他们奇怪的行为或语气，父母更是煞费苦心。

其实，最重要的是改变导致这些行为或语气发生的思想，

想法变了，行为或语气自然会随之发生变化。

而且，通过对话，思想完全有可能发生转变，

如果劝说都改变不了，其他方式就更难了。

总跟兄弟姐妹争吵的孩子

　　所有的兄弟姐妹都是在打打闹闹中长大的。特别是其中一人进入青春期时，很可能会攻击家里的一切，闹得家里不得安宁。有些家庭孩子们的"战争"是以埋怨、不满结束，有些家庭的"战争"则以和解、原谅结束，而父母所倾注的时间和关心是造成不同结果的重要原因。

　　从父母介入孩子们之间的争吵开始，不管争吵的原因是什么，定会招来孩子们的不满，"爸爸妈妈不公平""爸爸妈妈总是站在某某那边"。就算是借助神的智慧，也很难做到让几个孩子都感到公平、满意。

　　这个时候，最好的办法就是对于他们的某些行为置之不理。兄弟姐妹之间，不可能时时做到谦让、谅解、关爱、尊重。孩子们通过争吵来学习调整自己的想法，即便不喜欢，该让步的时候也得让步；即便超级喜欢，该放手的时候也得放手。这些经历是日后处理人际关系的基础。

　　孩子争吵时，父母需要做好法官的角色。在判定对错之前，允许他们各自陈词，提交证据。在"审判"过程中，要制定一个不可以打断对方陈词的规矩。

　　先让老大说明为什么要对老二发火，之后再给老二说话的机会，老二必然会根据老大的陈词来辩解自己的行为或话语，比如老大说："我都说了好几遍不能敲我的头，他还敲。"而老二就会辩解："我不是故意的，不知道为什么来来回回会碰着哥哥的头，哥哥冲我一喊，我又不自觉地敲了一下。"孩子们肯定都站在自己的立场上来陈述事情的经过。这个时候，父母需要根据孩子们提供的证据，并结合他们平时的行为习惯和说话方式来进行"判决"。

"听你们说完这些情况，你们都觉得自己委屈，对吗？你们为什么每次都这样呢？"

在听完孩子们的陈述之后，需要帮他们整理一下，让他们知道争吵是件多么小的事情，然后他们的委屈和气愤就自然消失了。

如果两个孩子都是小学生，最好的方法是用录音笔将孩子们的话录下来。

"从现在开始，你们所说的话我将一字不落地录下来，有想要说的话可以尽情说，这些将作为判定谁有错、谁委屈的证据，你们没有意见吧？好了，从现在开始，不能抵赖，不能再说'我从未说过这句话'。"

虽然看起来像玩游戏，但是孩子们真的会认真对待，因为这是录音，他们觉得必须说真话。父母在听录音时可以做出些夸张的动作或表情，孩子们就会跟随父母玩起来，而把谁错了、为什么争吵这些事情全忘掉。其实，父母制止孩子们争吵，也并非单纯判定谁对谁错、谁受了委屈。

"哪有那么多时间来处理他们之间的争吵？"

有些父母会提出这个问题。可所谓养育孩子，不就是要尽力解决他们的问题，让他们健康成长吗？就算是累，也得把孩子的事情处理好。

"妈妈本来想做些小菜的，可是因为听你们陈述、解决你们的争吵而耽误了时间，今天晚上咱们就随便吃点儿吧。"

这种说话方式也是正确的教育，可以让孩子审视自己的行为，负起责任。

一起制定"家规"

兄弟姐妹之间的争吵总是源自相似的状况和相似的问题。昨天刚刚大吵一架、和解、相互原谅，今天又因同一个问题而争吵，把昨天的事情忘得一干二净。这个时候，家规有助于仲裁和和解。

孩子们争吵的原因不外乎几种，一方说了不礼貌的话，一方抢了另一方的物品，一方打了另一方。父母可以跟孩子一起总结一下，并制定出相应的惩罚措施。

举个例子，孩子们打架了，可以问问他们"违反了第几条，惩罚措施是什么"。惩罚措施可以制定为：面对面坐着待30分钟，如果谁先笑了，爸爸妈妈就抱抱谁。这样做的话，孩子们争吵时，父母也不用去大声呵斥了。

只要听到孩子们争吵，父母就可以问："孩子们，第几条？"他们自然就明白违反了什么。即便如此，孩子们每天还是会重复争吵，弄得家长疲惫不堪。父母千万不要放任不管，要积极想出对策，因为这就是父母的责任。

经常说谎的孩子

"民秀呀，今天在图书馆学了什么？"

妈妈问刚从图书馆回来的民秀。

"还不都一样，正在准备下周的数学测验。"

"今天也是跟成贤一起回来的吗？"

"不是说过我俩每天都一起走嘛。"

"今天下午我好像在超市看到成贤了，难道我看错了？"

"妈妈看错了，成贤跟我一起在图书馆学习呢。"

民秀面不改色，妈妈本不想揭穿他，可还是忍不住加了一句。

"一开始妈妈也觉得自己看错了，可我俩在超市里还聊了一会儿。"

"不可能，他怎么去了超市？他明明跟我一起在图书馆呀。想起来了，成贤今天没来图书馆，他说要陪妈妈去超市。因为数学题弄得我焦头烂额，把这事给忘了。"

"原来是这样。妈妈今天不光去了超市，还去了另外两个地方，你想知道吗？"

"不想知道。"

"不过跟你有关系，妈妈还是希望你老实说出来。"

"……"

"我跟成贤见面之后去了图书馆。"

"妈妈有事吗？为什么要去图书馆？"

"我在图书馆转了一圈，没有看到你。"

"我应该是去厕所了……我也不能一天都坐在那里，碰巧没在座位上吧。"

"妈妈明白。不过，我又去网吧转了一圈，在那儿看到了你。你正在专心致志地玩游戏，没有看到我。"

"你怎么知道我在网吧？"

"成贤告诉我的，不过成贤拜托我别告诉你。"

"既然妈妈知道我没去图书馆去了网吧，为什么还要套我的话？真卑鄙。"

"妈妈卑鄙？说谎的你堂堂正正？"

"我不过是回答妈妈的问题而已。再说了，如果我告诉妈妈我去网吧，你会让我去吗？肯定不会吧。"

"那是当然，妈妈不会让你去的。"

"所以我只能说去图书馆了。"

"这么说，你说谎是因为妈妈了？"

"当然，因为妈妈总给我说谎的机会。"

与同龄孩子相比，民秀并不是爱说谎的人。十几岁的孩子在遇到这种情况时大都选择抵抗，死不承认，直到证据摆在面前为止。

先不管是否有恶意，十几岁孩子的谎言很容易与事实混为一谈。同一件事情，大多数孩子都能编出好几个理由。所以，父母需要从盲目信任中清醒过来。

"其他孩子不敢说，但我们家孩子从小就不撒谎。孩子或许有其他毛病，但我们俩一直严格教育他不能撒谎。"

这种盲目的信任会让父母陷入"灯下黑"的状态——无法察觉孩子的问题。就像没有百分之百诚实的成人一样，从不撒谎的十几岁孩子也是不存在的。

父母持续不断的关心会形成保护网

当得知孩子撒谎之后，父母会很苦恼，不知道该相信孩子的哪些话，也不知该如何设定信任的界限。说相信孩子吧，明明发现了他的谎言；说不相信吧，与孩子的对话将无法进行。

"爸爸／妈妈，你是在怀疑我吗？"

一旦谎言被揭穿，孩子们会首先选择质问父母。这个时候，父母应该如实告诉孩子自己的心理感受。

"到现在为止，爸爸／妈妈还是相信你的，爸爸／妈妈很难做到不相信你，所以，爸爸／妈妈想跟你聊聊到底出了什么问题，也想让你知道爸爸／妈妈很焦急。就这样置之不理，爸爸／妈妈的心情会很糟糕。咱们一起来理顺一下，这样，不论是你，还是爸爸／妈妈，都能高兴地结束这次谈话。"

直觉上认为孩子撒谎了，就需要再确认一次。跟孩子确认时，把副词、形容词、感叹词全部去掉，可以不按常理出牌，问一些问题。如果孩子撒谎，就很容易露馅儿。

问一些孩子始料不及的问题，"当时周围的人都在做什么？他们是什么反应"，或者是"当时是几点"来再次确认。孩子放下戒备去回答这些问题，从而忘记了自己先前排练好的台词，就会出现"证词"前后不一的情况。

不管多么好的习惯，没有奖惩，人们也会疏于自觉养成。特别是当他们觉得说谎可以获得好处时，又何苦说实话来损害自己的利益呢？想要孩子不撒谎，父母需要时时关注孩子的想法和行为。父母持续不断的关心能够形成巨大的保护网，阻挡孩子接触坏习惯的机会，从而让孩子远离坏习惯。

没有梦想的孩子

关于梦想，父母对孩子的要求都是自相矛盾的。一方面，父母期望孩子成为像史蒂夫·乔布斯那样富有创造力的人；而另一方面，父母又觉得公务员是最好的工作，生活安定，收入有保障。

上初一的贤民对妈妈说：

"妈妈，我想成为科学家。新闻上说地球变暖的原因是二氧化碳，还说牛放屁产生的二氧化碳比汽车尾气还要多。我想研制出一种牛吃了不放屁的饲料。"

如果你是贤民的妈妈，会有什么反应呢？

"我的儿子真了不起，竟然有这么伟大的梦想，已经开始做社会调查了。妈妈都不知道这回事呢。贤民真有进取心，继续加油吧，毕竟这是你独特的梦想。"

还是会这样说：

"这是你该关心的吗？先看看你的成绩表吧。地球变暖是什么？牛放屁又是什么？别瞎说。"

再或者会这样说：

"这都是你们小孩的空想。你已经是初中生了，能不能现实一点儿，别整天想些不切实际的东西？先把你的科学成绩提上去才是正事。"

对于孩子的梦想，越激励效果越好

孩子向父母说起自己的梦想时，会希望得到父母无条件的激励和称赞，而不是嘲笑、挖苦。

一般来说，问一些消极、自卑的孩子梦想是什么，他们会逃避、害怕、躲闪，会支支吾吾地回答"没有""没有想做的事""从来没想过"。

就十几岁的孩子而言，"没有梦想"等同于"以我现在的能力什么都做不了""我现在什么都不想做，不想努力""等有可能实现的时候再说吧，像我这样的孩子能有什么梦想"。

所谓梦想，都是对于未来的憧憬。对于那些说自己没有梦想的孩子，首先要做的是帮他们树立一个可以实现的具体目标，让他们产生实现梦想的动力。而对于那些认为只有某些特别的人才能实现梦想的孩子来说，需要多给他们讲述一些普通人靠自己的努力实现梦想的实例。父母最好跟孩子讲讲自己儿时的梦想。

拒不认错的孩子

"平时爱读书，感觉比同龄孩子懂得多，可一旦固执起来就什么话都听不进去。"

有些懂得比较多的孩子往往会无视父母的话。

"爸爸妈妈你们不懂。我都已经很清楚了，你们不知道就不要说了。"

如果有人提出不同的意见，他们会说："你是想劝说我吧？不可能。"非常坚持自己的主张，绝不妥协。

自我主张强烈的孩子，绝对不承认自己的错误，还喜欢把自己的错误观点传播给其他人。父母会觉得这类孩子过于想当然，甚至会有奇特的想法："这孩子怎么什么都懂。"

这类孩子认为"承认错误就输了"，所以哪怕是小事，他们也不会低头认错，甚至把自己的错误归结到他人头上。一旦被指出错误，他们就会脸色大变、恼羞成怒。

这类孩子大都有过承认错误之后被父母叱责或体罚的经历。人都会犯错，都是在错误中成长起来的。越是嫉妒心强、欲望大的孩子，越是这样。当然也不能排除他们是从父母平时的说话方式中学到的。

引导孩子去思考反对意见

对于坚决不承认错误的孩子，仅面对面指出错误很难使其改变。最好的办法是从书本著作中找到依据，再反问孩子的意见。

刚开始的时候，孩子会试图坚持自己的主张，推翻别人的想法。同时，他们内心也开始动摇，慢慢接受自己的想法并非全部正确这个事实。反复几次之后，他们会承认意见的多样性。

如果他们一味坚持，就可以向他们抛出下面的问题："如果有人想反驳你，你觉得你的哪些想法不完善？站在对方的立场上，你会怎么反驳？"站在不同的立场上去思考，孩子就会发现自己观点的瑕疵，从而去完善自己的想法。对于拒不认错的孩子来说，这种激励方法是很好的训练。

如果想惩罚这类孩子，最好的办法就是不理睬。父母没有必要去跟他们争论每句话的对错，父母火气越大，他们越觉得自己获得了胜利。这个时候，父母适当地把他们晾在一边不理睬，反倒能改掉他们固执的毛病。

总是烦躁的孩子

"你再惹我一次试试，看我不揍你。"

"不要再说了，烦死了。"

"像傻瓜一样，真倒胃口。"

"气死我了。"

十几岁的孩子特别容易烦躁，经常说一些让人气愤的话。气愤的话一出口，就像病毒一样，烦躁的情绪将蔓延全身。"真烦人""讨厌""倒胃口"等话都带着深深的憎恶，即便如此，许多父母也对孩子的话置之不理。其实，父母非常有必要关注一下孩子们平时说的话。

话语是连接想法和行动的导管，所以，话并不是说说就算了，它总会带动着下一步的行动。

粗鲁的话语隐含着愤怒的情绪。"他虽然说话不太好听，但脾气很温和""他就是说话难听，其实人很好，连一只蚂蚁都不忍心踩"，这些不过是自我安慰的话，当恶毒、粗鲁的话语从嘴里说出时，证明可怕的想法已经产生了，从话语到行动不过是个时间问题。

告诉孩子正确表达的方法

许多孩子都有"只要发脾气，就能得到大人关注"的错误想法，认为只有发脾气、不耐烦，才能支配其他人，或者让别人误以为自己很厉害。他们大都有通过发脾气轻而易举地得到自己想要的东西的经历。

"换一种方式来说你的要求吧，你这种方式我一听就想拒绝，根本说服不了人。"

"我根本没有想说服妈妈的想法，我不会妈妈要求的表达方式。"

"那你发脾气我也装作没看到。"

这样提前告知之后，孩子就会明白发脾气、烦躁解决不了任何问题，得不到自己想要的东西，他们就会选择忍耐。

改变孩子的说话方式不是一朝一夕的事情，也没有必要立马改变。

当孩子使性子发脾气的时候，可以把孩子叫到身边，好好跟孩子分析一下用温柔的语气来表达自己感情或想法的理由。

"情感这个东西虽然眼睛看不见，但可以通过语气或声音传达给别人。"

"那您听我这样说话，心情会很不好？"

"当然了，没人愿意听别人发脾气。如果希望别人能认真听你讲话，得首先把烦躁的语气改掉。"

"明明很烦躁却装着不发脾气，我讨厌这种做法。直率一些不更好？"

"控制自己的感情，对于他人来说也是一种礼仪。如果认为发火、发脾气就是率真、不做作、不造假，那么这种想法就太自私、太幼稚了。这与'稍不顺心就打一架'有什么区别？"

"烦躁的时候，谁说一句不好听的，我能立马变成一只斗鸡，就想跟他打一架。"

"人在内心不安、无法随心所欲的时候，容易烦躁。你不是常常因为一些未来不确定的小事而烦躁、发脾气吗？稍微忍耐一下就会有大大的不同，只是你不想忍而已。"

当孩子动不动就跟周围的人发脾气，说些埋怨、愤怒的话时，可千万不要不理睬。如果父母无动于衷，孩子那些愤怒的话很可能会转化为暴力行为。父母需要及时改变孩子的说话方式。

"你仔细想想就会发现，能够表达自己想法的美好语言有那么多。以后，尽可能地用好听的话语来传达自己的想法。"

父母可以告诉孩子一些具体的字眼或表达方式，这样，孩子会慢慢尝试用好的方式来表达自己的感情。

当然，不要期望一下子就可以改变孩子，也不能因为孩子一时没有改变而放弃。父母有义务耐心地教育孩子，直到他改掉不好的习惯。

坏习惯就像是在干燥的沙子上倒水，能够被快速吸收，而坏习惯变成好习惯却绝非易事，就像是在沥青路面倒水，水完全不被吸收，全部流走了。即便如此，只要坚持不懈地倒水，水最终也能从缝隙渗进沥青路面。教育孩子也一样，慢慢地你就会发现他们说难听话的次数在减少，越来越正常化。

威胁父母要离家出走的孩子

总说要离家出走的孩子并不是真的要出走，真正离家出走的孩子会默不作声地付诸行动。

在父母面前说要离家出走的孩子实际上是在请求父母的帮助："现在我不知道该怎么做，希望你们能帮帮我。"现实的状况非常糟糕，让他们非常郁闷，想逃离躲避。因此，当孩子说想离家出走时，父母可以拥抱他们，认同他们当时的情绪。对于十几岁的孩子来说，父母的怀抱会让他们觉得些许尴尬，但安抚效果却相当好。

"爸爸妈妈都是大人了，偶尔还会有离家出走的想法，你有这种想法并不奇怪，你是十几岁的孩子嘛。就像现在再穿幼儿园的衣服会觉得郁闷憋屈一样，肯定是家里让你觉得喘不过气吧？"

"也没有那么严重……"

对于十几岁的孩子来说，只要有人体谅自己的内心，他们就会满足。

"你想走就走吧，我们不会眨一下眼。"

"你出去饿一顿试试，看看到底会不会想家。"

对待只说要离家出走的孩子，父母不要冲他们发火，那样他们会感觉被父母背叛，反倒真的离家出走。

"想离家出走""想去没有父母干涉的地方，自由自在地生活""想离开这个让我痛苦的地方，去一个被爱、被认可的地方"，大家都会有这样的冲动吧？大人偶尔也会有消失的冲动，更何况十几岁的孩子呢？他们只会比大人更冲动。

孩子说出想离家出走的想法之后，父母可以问他们一些现实的问题。

"亲近的朋友中有人离家出走过吗？你去过他们离家后生活的地方吗？"

如果有亲近的朋友离家出走，那孩子离家出走的概率就会增加。

"离家出走之后，最想做的事情是什么？感觉最不方便或者最糟糕的事情又是什么？"

即使孩子说了诸多离家出走的好处，为了不让孩子受到伤害，父母还需要把话题继续下去。

"你回来之后最希望改变的是什么？"

这句话会让孩子安心，因为这说明他们离家出走后还是能回来的。父母还需要向孩子传达一些为了他会做出改变或者尊重他意见的信息。

对危险进行说明

就算孩子离家出走，父母也需要让他们知道一件事——父母需要对他们负责，可以帮助他们解决现实的困难。

"出去之后需要钱吧？打算出去待几天？"

如果孩子犹豫着说不出口，就说明孩子被冷酷的现实惊醒了。

"你是希望爸爸妈妈装作不知道你离家出走了，还是希望我们给你帮助？离家出走期间希望我们去找你吗？"

父母通过这些话告诉孩子自己想帮助他们，但也不会强求，只是告诉孩子，无论他什么时候需要帮助，都可以来找父母。

离家出走不是"旅行"，是一个危险的体验，父母需要真诚地跟孩子交谈，借助对话来做出客观的判断。如果孩子与父母沟通顺畅，那么离家出走的"魅力"就消淡了。

"那么想自由自在，干脆自己出去生活吧。"

"真不如出去，省得让我看着讨厌。"

"赶紧从我眼前消失。"

虽然这只是气头上说出的话，但会在孩子内心刻下烙印，"我的父母希望我消失"。在孩子遇到意想不到的难题、心情难过时，这些话会让父母与孩子之间的裂痕更深，从而刺激孩子做出最坏的选择。

周末进行两天一夜的家族旅行也是很好的选择，从陌生的地方回到家里，孩子会产生华丽的酒店也没有家里舒服的想法，这种想法会击退孩子之前想离家出走的念头。

有暴力行为或讲粗话的孩子

　　青春期的孩子会做出一些自己无法控制的暴力行为或言语攻击。这个时候，大多数父母会选择用同样的方式回击，因为父母觉得应该"以牙还牙"。

　　"你说什么？这是孩子应该跟父母说的话吗？"

　　"我说'没用的东西'。"

　　"我怀胎十月生下你，就让你这样对我？"

　　"你打我呀，不要对墙发火，直接打我呀。"

　　父母的这种反应传达了一个信号，那就是"没法教育了，只能靠打来解决问题了"。

　　事实上，孩子做出某些过激行为或者说出过分言语之后，也会慌张、后悔。这个时候，如果父母愤怒地回击他们，孩子就算认识到错误，也会展开防御。特别是当父母说出更为过分的话或者做出更为过激的行动时，他们甚至会逃避责任，认为自己没有做错。

　　这时，父母最好先沉默2-3分钟，给孩子一个缓冲时间，让他自己来思考一下为什么会做出这样的事情。这个时候，父母不要急于说话，可以用惊慌、吃惊的表情来告诉孩子他们的这种行为是不能被容忍的。

　　"为什么这样？"或者"你做什么？"等话语一点儿帮助都没有。

因为孩子也不清楚自己在做什么。如果不给孩子缓冲时间，那他们能回复的话只有"我有点儿神经了"。

所以，最好的办法就是沉默几分钟之后再尝试跟孩子沟通。

"爸爸妈妈有点儿吃惊。你是受了什么刺激吗？爸爸妈妈希望听到你的解释。难道是我们哪句话刺激到了你？"

孩子有时候会沉默不言，想要逃避。这时，就不要再强求他们说明状况和理由。父母可以发挥自己的想象力推测一下，并宽慰孩子"你也可以这样""你肯定有自己的理由"。这样做不只是为了显示父母的宽宏大量，更是告诉孩子父母可以偶尔容许这样的行为。

假设父母用同样暴力的言语或行为回应孩子的话，会出现什么状况呢？只会让孩子变得更加暴力罢了。

孩子就像压力锅，等水蒸气蒸发之后自然会泄气。所以，最好的办法就是父母冷静地等待几分钟。几分钟后，水蒸气蒸发，没有了危险，就可以安全地打开锅盖了。在水蒸气蒸发的瞬间去开锅盖只能酿成安全事故。

父母沉着应对孩子的暴力行为或言语攻击，特别是几分钟的沉默会给孩子很大的帮助，让孩子审视自己的行为，从而对自己的行为做出说明。

必须严肃批评

如果孩子说出过分的话或做出暴力行为，父母有必要听孩子的说明，就算是辩解也要听。只有这样，作为监护人的父母才能说出自己的感受并为他们指明方向。

"嗯，虽然很惊讶，但是听了你的话，我还是会相信你，就像咱们约定的那样，这次就这样过去了。希望下次不再发生这样的事。生气有很多种表达方式，我还是希望你明白，扔东西这种事情不许再发生第二次。"

孩子很可能想不到父母会选择相信他，让事情就这样过去。这样一来，他以后再遇到这种情况，就能学会控制。千万不能让孩子觉得父母在怀疑他。

如果在爸爸不在场的情况下发生了这种事情，那等爸爸回来之后还需要再花一点儿时间来重新沟通一下，把之前的情况和原因再说明一下。这时，爸爸不可站在孩子那一边，特别是只有自己和孩子两个人时，不可先说体谅孩子心情的话语。与让孩子看到父母宽宏大度相比，指出并帮孩子纠正错误更为重要。

"不只有你这样，人都会有情绪失控的时候。"

这句话传达给孩子的是"以后再遇到这种情况还可以这样发泄"。

"有些行为是不能做的，有些话是不能说的。今天你在妈妈面前的行为和话都过分了。"

这样严厉地教育之后，还要让孩子跟妈妈郑重地道歉。

妈妈不在场的情况下，爸爸与孩子先沟通也不是一个好的办法，因为孩子会在爸爸面前中伤妈妈。爸爸可以与孩子进行一场只属于两个人的对话，但是也要有个先后顺序。

找出生气的原因

父母必须教育孩子，无论何种情况，都不可以攻击父母，向父母挥拳。如果教育之后孩子还是重复暴力行为或过激话语，那只能说孩子已经形成惯性，父母有必要审视一下自己平时的行为表现，孩子的暴力行为不是凭空出现的。

父母还需要仔细观察一下什么情况下孩子会反复出现暴力行为。

"有没有因为某个字眼或者某句话而忍不住愤怒发飙的情况？"

"不知道，没留意过。"

"你也不是总发火，就拿今天来说，你突然愤怒是因为什么呢？肯定是某句话或者某个状况刺激到了你。你好好想想，到底是什么让你无法忍受而发火呢？我们需要找出让你变得敏感的那句话。这很重要，只有找出问题，才能防止这种情况再次发生。"

如果找不到痛苦的点或刺激源，可以寻求专业人士的帮助。当然，很多父母都难以做出这个决定——让他人来找出孩子的问题并给予帮助，这对父母来说是件伤自尊的事情。不过，与自尊心相比，找到解决孩子问题的方法更为重要。

对于孩子反复无常的暴力行为和过激言语，父母必须有积极的对策。台风过后定会风平浪静，父母千万不要抱着这种消极态度和侥幸心理放任孩子的行为。父母可以跟孩子一起制定惩罚措施，比如减少零花钱、不可以看喜欢的电视节目、没收手机、晚上几点之后禁止外出、几点到几点在父母面前学习，等等，这些措施也会让孩子进行自我反省。

拒绝对话的孩子

　　有些孩子会通过沉默来表明自己的意图。如果质问他们"为什么不说话"，那他们的心灵之门将关得更加严实。人只想跟懂自己的人对话，这是本能。懂"我"的人只说一句话就能让"我"打开心扉，不懂"我"的人只说一句话就能让"我"关闭心灵之门。

　　如果孩子拒绝对话，很多父母也会选择放弃对话，他们会想："算了，等孩子想说的时候自然会说。"事实上，一旦孩子一开始拒绝对话，之后拒绝对话的频率就会越来越高，亲子关系会渐渐疏远，对话会愈加费劲。这是因为内心的疙瘩越积越多，心门更加不容易打开。

　　"好了""我自己看着办""都说知道了""不要再说了""烦死了""不知道"……如果孩子经常重复这些话语，那家长就要仔细考虑一下孩子到底在拒绝什么，是拒绝对话的主题，还是拒绝与父母对话，或者是拒绝与自己相关的所有对话？只有搞清楚状况，才能解决问题。

只不过是绝望的放弃

　　与孩子对话，有些时候会发现孩子反应过度或者拒绝对话。不管说什么话题，他们都会装作听不清楚、含糊其词，甚至转移话题。

"你为什么要转移话题？"父母还是不要直接点明为好。如果孩子意识到没有有效的解决方法，他们就会拒绝对话。这个时候，父母需要做的是宽慰孩子："虽然现在没有很好的解决办法，但是说不定哪天就豁然开朗了。"孩子受到鼓励，内心就会充满期望。

还有一类对话，孩子也是拒绝的。即孩子曾经说过一次，但遭到了父母的强烈反对，而且孩子觉得无法改变父母的想法。就算父母重新提及这个话题，孩子也会拒绝交流。这个时候，父母可以说："想要改变别人的想法是需要方式方法的，不要气馁，再好好想想。"这样孩子也能打开心结，虽然现在与父母的想法不同，但说不定哪天就会变了。

还有一种情况，父母说了非常重要的事情，孩子也应答了，但回应的只是"我没有想法""没关系""我知道了"这样非常敷衍的话语，只是为了草草结束对话。这时，孩子并不是真正地肯定父母的想法，只是觉得告诉父母自己的意见也无济于事，还不如干脆放弃。说"没关系"并非真的没关系，只是表明自己已经绝望了。

对于父母的建议，孩子只是单纯用"行"或者"不行"的字眼来应答，就表示孩子对这个对话内容是拒绝的。就原因而言，孩子对于父母的做法感到愤怒，或者孩子知道自己的意见毫无用处，那他们就会绝望地放弃。

这个时候，就需要向老师或者与孩子关系最为亲近的亲戚求助。十几岁的孩子有个特点，拒绝跟父母沟通，但会轻易地向信任的长辈吐露心声。当然，也可以寻求专业人士或心理专家的帮助。

最好多说些体谅和激励的话语

父母最需要避讳的事情，就是因为孩子与他人沟通很好而责难、嘲讽孩子。

"你什么事情都不告诉爸爸妈妈，倒是跟别人聊得很愉快嘛。"

孩子听到这句话，以后将拒绝跟任何人对话沟通。

"我真的不知道你那么辛苦。"

"我真的没想到你会有这种想法，爸爸妈妈以后会多站在你的立场上去考虑。"

这些充满体谅和激励的话语就足够了。

父母如果知道了孩子不想让他们知道的事，装作不知道就好了。作为父母，内心也许会抗议："他人都知道，身为父母的我们却什么都不知道。"但是为了孩子，父母还需忍耐一下，等到孩子想说为止。

有些孩子不知道该如何整理思绪，也有些孩子在对话之后会觉得负担满满，从而拒绝对话。直接沟通固然好，但没有必要去强求孩子来完成对话。这种情况下，可以采用书写的形式，每天拿出半小时写下自己的问题，如果孩子没有想法，父母可以确定一个主题。

督促孩子运动也是一个很好的办法。每天拿出 1 个小时来陪孩子运动，伴随着身体的变化，孩子的想法也会发生变化。想法变了，对话自然更加顺畅。

突然宣布要退学的孩子

"妈妈，我要退学。"

宣儿把书包扔在沙发上冲妈妈大声嚷嚷。对于想要退学的女儿，父母可以回击的话语太多了。

"我知道了。等爸爸回来你跟他说吧，妈妈管不了。"

"这算什么屁话！对于学生来说，退学就等于人生终结。可以说点儿像样的话吗？"

"好的，你先消停几天，爸妈很烦。"

"退学！好啊，如果有父母学校，妈妈绝对会第一个跑去找校长要求退学。"

面对这种情况，父母肯定会无条件说"不"，同时，父母也需要通过对话来找出孩子的真实目的。孩子自己也明白退学不是解决方法，但是，他们真的觉得去学校比让他们死还难受，而且，他们也不知道该如何调节。于是，他们只好发出信号，向父母求助。

告诉孩子他可能会错过的种种

孩子向父母抛出问题并非让父母给出答案，只是希望父母来关注自己的问题，有些时候他们也希望用父母的理论来劝说自己。所以，宣儿的父母应该做好打持久战的心理准备，来与宣儿一起面对"退学"这个问题。

"如果你坚持要退学，我们也会同意。但是在你提交退学申请之前，能否跟妈妈聊聊我们该如何帮助你呢？"

"没有什么需要帮忙的，只要爸爸妈妈能在退学申请上签字就行。"

"签字不是什么难事。你都考虑清楚了吗？"

"我考虑得很充分了，现在就是坚决要退学。"

"嗯。你自己的事情，肯定比妈妈考虑得更加充分。妈妈只想知道你不是冲动而做出的决定。不过，妈妈还是想跟你聊聊。"

"还说什么？不是早就说完了吗？我已经决定了，不要试图改变我的心意。"

"你已经下定决心了，妈妈怎么能说得动你？你的人生你自己能负责就好。只是妈妈还想问你几个问题。"

"你问吧。"

"你想过什么时候再回学校吗？"

"都已经退学了为什么还要回去？那还不如不退学呢。"

"那退学之后你想做什么？想学点儿什么？"

"还没想，就想着先退学。"

"原来还没有想法呀。你打算什么时候告诉朋友？是退学之后再告诉他们，还是现在就想告诉他们？"

"没想过，这个有什么重要的。"

"他们是你的朋友呀，退学之后就很少见面了，难道你要突然消失吗？那他们肯定很纳闷，觉得你背叛了他们。"

"我会看着办的。"

"好的。你的朋友，你看着处理。退学之后，需要妈妈做些什么？"

"不需要妈妈帮忙，是我主动要求退学的。"

"可是，把你独自放在家里，妈妈怎么安心去上班？但妈妈现在还不能辞职。你跟爸爸说过吗？咱们需要讨论一下谁照顾你。"

"我自己照顾自己就好了，我又不是小孩子。"

"即便这样，我们也不能不管你呀。我再问一个问题，你真的能放弃学校、放弃上学、放弃人生吗？"

"不就是退学嘛，怎么这么复杂？"

"你想退学，是讨厌这个学校呢，还是想去留学？或者是想参加自学考试？又或者是讨厌学知识？妈妈有着各种各样的想法。比如，你参加自学考试能通过吗？想留学的话，你做好准备了吗？中学是义务教育，你就这样放弃吗？"

妈妈把孩子可能会错过的种种列举出来。宣儿没有想到后续还有这么多问题，她觉得有必要重新思考自己的决定："真头疼，退学比想象的要复杂得多，是我想得太简单了？"

面对大嚷着要退学的宣儿，父母不要急着责骂，更重要的是让她知道父母认真地考虑了她的问题，并把设想的各种状况都告诉她。仅是这一点，宣儿也会受影响，重新思考自己的决定。这就是通过对话寻求答案的过程。

看到宣儿动摇了，妈妈也不要急于说出最后的结论，需要等宣儿自己说出最后的决定。

"好了，关于你退学的问题，妈妈已经把自己的想法和顾虑全部说出来了，你也说已经考虑清楚了。妈妈相信你能做出正确的选择。"

"关于这个问题，我想想再说吧。"

这位妈妈的劝说已经奏效了。

通过这样的对话，孩子能够感受到自己被一个成熟的大人认真地对待，从而增加了对父母的信任，以后不论发生什么事情，都会找父母沟通，来寻求答案。

青春期对话
实例三则

———

青春期
对话法

ADOLESCENT
DIALOGUE

案例 1　打开孩子自卑与叛逆的心结

中学一年级的民淑说去补课离开了家，可晚上却没有按时回家。父母找到 11 点多也没有她的踪迹，只好跑去警察局报案，并跟警察一起到处寻找。直到晚上 12 点，终于在公园里找到了民淑。妈妈在庆幸的同时还是忍不住发火了。

"你在这里做什么？"

"没做什么，就是坐着。"

"爸爸妈妈都快急疯了，你却关掉手机坐在这里。妈妈已经找了你两个多小时了，你知道我有多么担心。"

"妈妈会担心我吗？只要有姐姐就够了。"

"先回家吧，回家再说。"

其实民淑一开始并没有离家出走的想法，只是在补习班偶然听到了同班男同学的话。

"你看她像不像魔女？"

"皮肤那么粗糙，说话却奶声奶气的，一点儿都不搭呀。"

"像被施了法的魔女。"

"她妈妈肯定也很担心，因为自己的女儿长得像魔女。"

男同学们嘀嘀咕咕的话语传到了民淑的耳朵里。民淑一直装着不在意，可听了这些话，她开始讨厌妈妈，因为是妈妈生了像魔女一样的她。

比民淑大一岁的姐姐长得非常漂亮，个子高挑，成绩出色，各个方面都非常优秀。而且，她也觉得妈妈对她跟对姐姐完全不一样。

"只要有姐姐一个孩子就行了？为什么会说这样的话？"

坐在民淑对面的妈妈心情非常复杂。虽然时间很晚了，但妈妈觉得有必要和孩子好好聊聊，就把刚刚吃完饭的民淑叫到身边。

"妈妈不是也觉得我不漂亮，比姐姐长得丑，学习也没姐姐好吗？不论我做什么，妈妈都不满意。这不摆明讨厌我吗？你以为我什么都不知道吧？其实我都明白。"

"不管你想做什么，妈妈不都鼓励你去试试吗？最近妈妈做过过分的事情吗？你说来听听。"

"难道你忘了吗？我喜欢一个男孩子，向你询问是否可以跟他交往，你立马就回绝了。我所有喜欢的东西，妈妈都会说不行，这难道不是妈妈的乐趣吗？"

"你这样想妈妈，妈妈觉得很伤心。"

"你为什么伤心？因为妈妈的差别对待，不能交到男朋友的我才应该更加伤心吧！妈妈不是想做什么就做什么嘛。"

"你这样想妈妈？就因为没有姐姐长得好看而被区别对待？所有你想做的事情，妈妈全都阻止？"

"这是事实呀。你看看我，个子、脸蛋、牙齿，没有一处令人满意。姐姐长得漂亮，个子高，学习也好。妈妈肯定想如果没有我就完美了。"

"妈妈绝对没有这种想法，就算你不完美，妈妈也想做你的妈妈。你与姐姐不一样，这是事实，但是这并不能成为妈妈少爱你的理由呀。"

"可是，姐姐想要的东西，你什么时候阻拦过？"

"除了不能交男朋友之外，妈妈什么时候阻拦过你呢？"

"对。可是为什么不能交男朋友？我想不通。是因为我长得丑所以不能交男朋友吗？难道只有像姐姐一样漂亮的女孩才能交男朋友？"

"你姐姐也没有男朋友啊。"

"姐姐是不想交。我想交，可是妈妈阻拦。"

"上次妈妈不是把担心告诉过你了？像你现在的年龄，交了男朋友肯定会牵手、接吻，妈妈很担心这些。你是觉得他长得帅、善良，想跟他交往，然后跟他牵手走在校园里。那样其他孩子都会羡慕。"

"其他孩子当然会羡慕。像他那么帅能跟我牵手走在校园里……妈妈难道是担心我会怀孕？"

"你这问题有点儿跳跃……妈妈担心的问题不是都一一告诉过你吗？你那时候也说明白了。"

"是说过'明白了'，可是今天又突然讨厌妈妈了。如果能有一个帅气的男朋友就好了，其他男孩子就不会无视我了。"

"这是什么意思？在学校里发生了什么？"

"没什么，反正他们每天都喊我魔女。"

"谁喊你魔女？怎么这么随便说话？你不是魔女，你正在变漂亮，个子在长高，牙齿以后可以矫正，你的声音很独特。难道就是因为这个你才独自去公园？不会是想去解开魔女的诅咒吧？"

"不是了。只是心情不好，想一个人静静。妈妈长得漂亮，很难体会我的心情。妈妈不是更喜欢姐姐吗？"

"才不是呢。告诉你一个秘密，妈妈其实更喜欢民淑，总在想怎么做才能让民淑更高兴、更踏实呢。"

"真的？难道妈妈不是想着如何教训我吗？"

"当然。妈妈为什么要教训你？妈妈相信你会越来越漂亮。民淑怎么看妈妈呢？"

"我长得这么丑，都是妈妈的责任，都是妈妈的错。所以我才经常发脾气。我发誓一定要找个帅气的男朋友，可是因为妈妈的阻拦没有交到，所以讨厌妈妈。"

"原来这样啊。妈妈从未想到民淑对妈妈的怨恨这么深。再说一遍，与姐姐相比，妈妈更喜欢你。我也经常想民淑为什么这么容易发火呢，为什么不像小时候那样笑得那么灿烂呢。今天找你的时候，你知道妈妈多么担心吗？妈妈一直在哭，脑子里有各种不好的想法。"

"妈妈是因为我哭吗？"

"当然了。妈妈从来不在你们面前哭。但今天妈妈太难过了，泪水不自觉就流了出来。"

"我也会因为自己而生气发火，但从来没有哭过。让妈妈哭真是我的不对。"

"你今天能平安回来，妈妈已经很知足了。以后不能再这样了，妈妈都要吓死了。你一个人在公园待到这么晚，多么危险呀。"

"我也有点儿害怕，想过给妈妈打电话，可是又觉得太伤自尊了。我不是以为妈妈更喜欢姐姐嘛。"

"嗯，不要告诉姐姐呀，这是我们的秘密。"

中学一年级的民淑因为被男同学喊"魔女"而受到冲击，非常伤心。平时民淑就因为自己的外貌而自卑，在听到"魔女"这个词的瞬间，她把自己被嘲笑的罪责全部归结在妈妈头上。

民淑妈妈感受到了民淑的自卑感和逆反心理，虽然民淑做了出格的事情，妈妈也没有责怪她，而是耐心地跟她对话，帮她打开心结。倘若

　　　　　　　青春期对话法

妈妈大声指责"一个女孩子大半夜一个人待在公园里,怎么胆子这么大",那民淑肯定会选择沉默,而妈妈也错失了了解孩子内心的机会。

这次对话的要点

"即使如此,我也爱你。"

"我最讨厌妈妈。"孩子在说出这句话的同时,也在向妈妈求证"你喜欢这样的我吗?"。这个时候,妈妈最好的回答是:"不管别人说什么,也不管你经历什么事情,妈妈总会站在你这一边,永远爱你。即便你对自己不满意,对于妈妈来说,你也是最宝贵、最值得感谢的存在。"

就民淑的例子来说,因为一件事情,她的自卑情绪完全爆发,就连父母都没有意识到,她会不停跟姐姐比较,内心充满了悲伤。

民淑妈妈第一次经历这样的事情,但是她没有惊慌,沉着冷静地处理问题。特别是面对孩子的指责,她能够很好地调整自己的情绪,让对话完美有效地进行下去。

案例 2 用 3 小时的谈话打开孩子的心扉

　　东旭歪斜着坐在那里，把棒球帽拉下来遮着眼睛。父母都站起来跟我问好，他还是蜷缩在那里，"砰"的一声打开饮料喝了起来。

　　"老师都来了，快点儿站起来问好。"

　　爸爸催促着他，他无可奈何地站了起来，耷拉着脑袋。没有跟我问好，180 厘米高的他又坐了下来，蜷缩在椅子上。

　　"我想单独跟孩子聊聊，可以吗？大约需要 3 个小时，你们可以去忙别的事情了。"

　　"需要这么久？"

　　"嗯，最少需要 3 个小时。"

　　父母的脸上写满了疑问和担心："这 3 个小时真的能让孩子敞开心扉吗？""3 个小时，他能乖乖坐着不冲陌生人发火吗？"

　　父母离开了，东旭依旧歪斜着，不停地喝饮料，偶尔会晃动脖子发出"咯吱咯吱"的响声。

　　"我就是这样。快说吧，我又不是第一次被这样安排的。"

　　东旭就像一只生气的孔雀，展开所有的羽毛恶狠狠地盯着对方，把自己的恐惧和不安都隐藏起来。

　　"个子真高呀，你有多高？在你们学校应该算最高的了吧。"

"180厘米。我们学校还有两个人比我高。"

孩子觉得很吃惊，这位老师没有批判他的坐姿、遮挡眼睛的帽子和喝饮料的声音。

"不错呀，体育肯定很厉害吧。这个子、这身材……在女同学中很有人气吧？"

"打篮球，是学校排球队的，也喜欢踢足球。"

孩子开始抬起头看着我，蜷缩的腿也无意识地伸直了。

"篮球和足球，不管个子高矮，你这么大的孩子都喜欢，不过能成为学校排球队的队员的确很了不起。有意思吗？以后要上体校吗？"

"如果有可能，我想去体校，然后做一名体育老师。"

"想当体育老师，应该去师范院校呀。"

"是吗？不用去体校吗？"

孩子的身体无意识地向前倾，看来他对这个话题很关心。

"对的。不想成为运动选手的话，没有必要非去体校。你想去体校，但成绩不合格，对吗？"

"想去体校，但我没有比赛成绩，不能去。"

"虽然不能去体校，但是你擅长的事情很多呀。你能写出自己的优点吗？"

我把一张纸推到孩子面前。"优点？我没有。"

孩子身子后仰，又做出了防御的姿势。

"怎么能说没有优点呢？体育好，个子高，长得帅，体格棒，很健康……这是老师能看到的，你自己想想看。"

我把纸收了回来，开始问他问题。

"每天早上几点起床？"

"6 点到 6 点 10 分之间。"

"是设置闹铃吗？还是父母叫你起床？"

"到那个点就会自动睁开眼睛。"

"早起真是个好习惯，这算优点 1 号。优点 2 号是你的外貌，对吧？高个子，强健的身体，帅气的脸庞。优点 3 号应该是你的性格。"

"我的性格，我自己也不知道好不好。"

"是吗？在我看来你肯定有义气，刚毅，对不对？"

"倒是经常听这样的话。人必须得有义气吧。"

"是的。但是最近孩子们都不怎么有义气呢。"

不知不觉谈话进行了 40 分钟，我们写下了 12 个优点。

"你不知道自己有这么多优点吧？"

"我总觉得自己一无是处，从来没想过还有优点。"

"你很希望得到别人的肯定吧？虽然现在学习不太好，还会惹事，但是你自己觉得是一个帅气、不错的孩子，所以想得到别人的肯定。对吗？"

"你怎么知道的？"

"你的肢体语言告诉我的。"

"这都能看出来？"

"偶尔吧，不是通过肢体语言就能了解所有人的心理。"

"现在呢？你觉得我在想什么？"

"'平凡的三年中学生活，不知道老师怎么看我，父母怎么看我。偶尔回头看看，感觉很羞愧，特别想向他们展示我厉害的一面。'你蜷缩的行为也一样，是想考验我吧？'即使这样你也会跟我聊天吗？你很快就受不了了，那快点儿结束吧'。对吗？"

青春期对话法

"你是怎么知道的？"

"没什么大惊小怪的。现在写一下你的缺点吧。"

"太多了……"

"没有那么多，一个一个地想想。你脾气火暴吧？一发火就不管不顾吗？"

"对。"

"发火、无法控制自己的情绪，这是缺点1号。偶尔会偷偷吸烟、喝酒、跟父母和老师撒谎，这是缺点2号。玩到凌晨才回家，缺点3号。抢别人的摩托车骑，缺点4号。打朋友是缺点5号……"

不知不觉，一个小时过去了。

东旭摘下帽子，端正地坐着，两只手抱着饮料瓶喝着饮料。

"我好像骨子里就很暴力。"

"其他孩子也有这么说的，不要太费心。为了给你做出诊断，还需要你的帮助和配合呢。你也要客观地评价自己，我觉得你是一个很自负的孩子，不喜欢跟别人低头，总想成为老大。除了体育课，其他课总是缺席，对吗？"

"是的，所以感觉有些惭愧。"

"你小学时表现很好呀，还是学生会长，很了不起。父母也总是回忆你那时的样子。你自己觉得呢？会觉得不好意思吗？"

"那都是过去的事了，现在不一样了。"

"过去？不过是两年前而已，现在有什么不同？这些优点还都存在于你的身体里，只是现在展现出了另外的一面。你并没有改变。只要你想回去，立马就可以回去。咱们聊聊该如何做吧。"

东旭父母最为担心和不安的是晚归，于是我跟东旭约定3周时间内必须晚上 7 点之前回家。即便是不学习，只要东旭在家，父母就会安心。等他习惯早回家之后，我还计划跟他约定每天晚上学习 2 个小时，学到 11 点。

我通过微信简单地跟他沟通，几点学习，学些什么，几点睡觉。大人的关心就是孩子前进的动力。东旭做到了，3 周的时间内，晚上从来没有偷偷溜出去玩过。

对于东旭的变化，父母打了 60 分。

"能够按时回家这点非常好，不过在家也经常用微信跟朋友一起发牢骚，这跟出去玩没有太大区别。如果能多学习就好了。"

然而，对于自己的变化，东旭非常满意，打了 90 分。我称赞了他，给他打了 110 分，然后又追加了早起运动的时间表。

这次对话的要点

挽救受伤的自尊心

东旭是一个帅气的、有着强烈自尊心的孩子。因为易怒的性格和突然下滑的成绩，他的自尊心受到了严重伤害。用一句话来概括，他不想在朋友面前丢脸，非常要面子。在了解这一点之后，挽救他自尊心的同时，还要告诉他真正的自尊是什么，并强调他现在已经很帅气了。掌握了这些，就等于拿到了钥匙，可以开启孩子的心灵之门。

案例 3 **抚慰孩子的厌世心理**

"孩子什么都不想做，还总说想死，作为妈妈，我感到很无助。我不要求她学习有多好，只希望她能做点儿喜欢的事情，现在看她上学很吃力，回家就躲在房间里不出来，动不动就扔出一句'活着一点儿乐趣都没有'。"

在去见慧智之前，我从慧智妈妈那里大体了解了一下她的状况。慧智是高一的学生，可她对任何事情都提不起兴趣，也讨厌去学校。父母想要了解并接受她的一切，但她却不愿向父母敞开心扉。

见到慧智之后，她尴尬地笑了笑，流露出不安和冷漠。几年之前我们曾经见过一面，她对我并不陌生。

"长大了，现在是个大姑娘了。不过我觉得你有种说不出的悲伤呢。"

慧智嘻嘻地笑着，妈妈坐在稍微远的地方。只剩下我俩面对面坐着时，她看上去轻松了一些。

"高中是比较难熬的一段时间。学校离家近吗？"

"走路 5 分钟就到。"

"上学倒是很方便。学校里有好玩的事情吗？"

"能有什么好玩的？没有。"

"没有喜欢的老师和朋友吗？"

"或许……"

"有，还是没有呢？"

"我觉得有，但是不知道那个朋友怎么想的。美术老师还不错，美术课很有意思。"

"看来慧智跟妈妈一样喜欢画画。你喜欢的朋友'不知道怎么想的'，这句话是什么意思呢？"

"嗯……她跟我很合得来，我们上的同一所中学，休息时间和午饭时间都在一起。不过我感觉到她在渐渐疏远我。"

"有什么具体的表现吗？她疏远你的时候。"

"表现？"

"比如说，上你喜欢的美术课时她不跟你一起，或者是不跟你一起上体育课，又或者是上数学、英语这种比较难的科目时她不理睬你。"

"我之前没想过……昨天下午是体育课，我感觉她讨厌跟我一起走，于是我就自己走了。那个时候心情特别糟糕，要不装作不认识就好了，这不是在耍人玩吗？"

"你觉得是在耍人玩？或许那个朋友有不能说的理由呢。你跟她说过你的感受吗？"

"什么感受？心情不好的感受吗？"

"'我感觉你在有意地避开我，我做错什么了吗？'你曾经这样问过朋友吗？"

"没有，这样问的话太没面子了。"

"虽然没面子，但这样说出来更好呀。其他的朋友怎么样？"

"其他朋友是谁？"

"除这个朋友外，其他朋友也会突然疏远你吗？"

"也有。我感觉他们有时候会悄悄避开我。"

"然后又联想到这个朋友也会悄悄避开你？"

"嗯，好像是这样。上体育课的时候，她跟其他孩子都会悄悄避开我。我很伤心，不想去学习，感觉还不如死了好。"

"所以你跟妈妈说要死掉。"

"嗯。跟妈妈说过几次。"

"妈妈说什么？"

"她安慰我，带我去年糕店，给我买炒年糕吃，还给我讲些有趣的事情。我都说了这样的话，妈妈还是那么爱我，我真的很感激。"

"得到安慰了吗？"

"感觉对妈妈很抱歉，稍微想开了点儿。但是一想到朋友们，我还是讨厌去学校。"

"也是，在学校里跟朋友们一起的时间很重要。朋友们那样对你是有点儿不好。我说……从现在开始，我会问你几个让你觉得不太舒服的问题，可以吗？"

"不太舒服的问题？"

"现在我们需要发现你意识不到的问题，然后解决它。只有这样，你才能跟朋友们愉快地相处，才能喜欢学校。我会问你一些你不太想说的部分，我不是为了嘲笑你，是想帮助你，请你相信我。我希望你能如实回答，可以吗？"

"嗯。"

"你不是说体育课时大家都想避开你嘛，那孩子们对你的态度都是一样的？"

"这倒是。"

"你是不是比别人更容易出汗？特别是在外面，脚和手心会出很多的汗。有这样的感觉吗？"

"我有盗汗症。妈妈带我去医院看过，医生说现在没问题，如果严重了就做手术，让我不用担心，经常洗洗就好了。我经常洗澡，一天会洗两三遍，难道这样还有味道吗？所以同学们才避开我？"

"我觉得有这个原因。体育课有味道，孩子们离你远远的。第二天又像之前一样对你。你不是讨厌这种感觉吗？"

"是呢，第二天又像什么都没发生过一样。所以我才觉得更难受。"

"换作是我也会这样。问题找到了，孩子们是因为汗味才避开你的。现在咱们一起来找找解决方法吧。我给你推荐两种方法。第一种是检查一下你现在穿的运动鞋，这鞋很贵吧？应该是你特别喜欢的鞋子。"

"对的，我缠着妈妈买的，每天都想穿着它。"

"难怪呢，我觉得问题就出在这双漂亮的鞋子上。你现在能脱下它吗？"

慧智犹豫了一下，把鞋脱了下来，一股刺鼻的气味立刻传了过来。

"可以穿上了。慧智，今天跟妈妈去多买几双鞋子，可以吗？不要这种贵的，去买些普通的鞋子，然后给每双鞋子定个日期。星期一穿这双，星期二穿那双，每天都换一双来穿。替换下来的鞋子经常拿到阳光底下晒干，那样就不会有味道了。你每天洗两三次澡，可一穿上鞋子，还是有不好的气味传出来。第二点，老师要给你推荐一种去除气味的产品，可以抹在腋窝、脚腕、手腕上，一天涂抹两次，可以去除汗味，你在学校里会待得舒服些。"

"原来他们是因为气味避开我呀，我从来没想过会这么严重……"

"因为你已经习惯这种气味了，但是其他人做不到呀。尤其是女生

　　　　　　　　　　　　　　　青春期对话法

对气味更敏感。不过咱们现在有解决办法了。"

"我还担心他们闻到气味而经常洗澡呢。"

"不管是多么亲近的朋友，也很难开口跟你说'你身上的味道很重'。不要对朋友感到寒心，可以问问他们：'怎么样，我身上味道如何？'"

"我会试一下。"

慧智爽朗地笑了。之后她每天都换鞋，再加上用了去除气味的产品，慧智跟朋友的关系恢复了，有了好多想做的事情，学习也更加努力，每天都过得很开心。

这次对话的要点

帮孩子找出他们想不到的问题

"活着没意思""不想去学校"……孩子说出这样的话，就证明他的学校生活并不愉快。一般有两个原因，一是学习问题，二是朋友问题。

通过跟慧智对话找到连她都意识不到的问题，然后告诉她一些具体的解决方案。问题解决了，慧智不再困惑，消极的思想消失，她也就重新开始幸福的生活了。

请在孩子的内心播下对话的种子

青春期可以说是人生的瓶颈期，就像突然被堵住了一样无法交流、无法沟通，也找不到出路。

父母的爱没有变，只是孩子吸收父母爱的能力减半了，孩子不再完全听从父母的话，开始独自思考，与朋友们的想法进行比较。

"爸爸妈妈的话也不全对，不是吗？"

"我的朋友们都这样。"

他们吸收父母的话和爱的速度都变慢了。之前听到妈妈说话，他们都会回应"好的，妈妈"。现在他们会嘀嘀咕咕："知道了，我再想想。"之前是对父母的话无条件服从，现在则开始怀疑，甚至反对。对于父母

199

的话，他们开启了过滤系统，只接收自己想听的话。孩子进入青春期，父母听到孩子叫"妈妈"那种高兴激动的心情会越来越淡，反倒因为孩子的话而不自觉地叹气、郁闷。

种瓜得瓜，种豆得豆。不过，种子不同，开花结果的时间也会大相径庭。有些树木经历一季就能开花结果，而有些树木则要经历几年才能开花结果。生命是没有定律的，从出生开始，每个人的生命轨迹都不一样，也会结出不一样的果实。所以，任何时候播种都是可以的。

跟孩子对话，就是在孩子的内心播种。有的种子一播下去就会生根发芽，迅速生长；有的种子播下去没过几天就枯萎了；还有的种子，父母费劲播下去，只会开花却不结果。

即便如此，到了一定的时机，父母的话语也会在孩子的人生中结出 60 倍，甚至 100 倍的果实。就算今天的对话种子没有发芽，父母也不要气馁，继续把好的对话种子播种下去。

如果孩子是庄稼，那么父母就是农夫，父母们不分昼夜地辛苦劳作，等待着丰收。不过，父母不可心急，千万不能为了确认种子是否发芽、长多大了而去挖开地面，这种行为很愚蠢。尽全力做好之后就静静等待，时机到了自然会结果。

父母的对话种子慢慢长大，吸收土壤的营养，孩子也在不知不觉中长大了。

　　如果孩子今天的所作所为让你很难过，也不要放弃希望，只要在孩子的内心播下充满信任、希望、感激和爱的对话种子，就一定能够等到美好的明天。

图书在版编目（ＣＩＰ）数据

青春期对话法 / (韩) 姜琴珠著；潘晓君译. -- 北
京：北京日报出版社，2020.10
  ISBN 978-7-5477-3764-4

  Ⅰ.①青… Ⅱ.①姜… ②潘… Ⅲ.①青春期—家庭
教育 Ⅳ.①G782

中国版本图书馆CIP数据核字(2020)第151372号

北京版权保护中心外国图书合同登记号：01-2020-2924

사춘기 대화법 (Communication Skill For The Adolescence)
Copyright © 2014 by 강금주
All rights reserved.
Simplified Chinese translation Copyright © 2020 by BEIJING SUNNBOOK CULTURE
& ART CO.,LTD
Simplified Chinese translation Copyright is arranged with HEALTH CHOSUN CO.,
LTD.
through Eric Yang Agency

青春期对话法

出版发行：北京日报出版社
地　　址：北京市东城区东单三条8-16号东方广场东配楼四层
邮　　编：100005
电　　话：发行部：（010）65255876
　　　　　总编室：（010）65252135
印　　刷：天津创先河普业印刷有限公司
经　　销：各地新华书店
版　　次：2020年10月第1版
　　　　　2020年10月第1次印刷
开　　本：710毫米×930毫米　1/16
印　　张：14
字　　数：157千字
定　　价：48.00元